LA MAURIENNE

VALLEE DE LA MAURIENNE
Vers Albertville
N6
Isère
Vers Montmelian
Aiguebelle
Epierre
Col de la Madeleine
Arc
Bugeon
Chaîne de Belledone
St Marie de Cuines
Villards
N6
St Colomban
Pérron des Encombres
St Jean de Maurienne
D927
Vers la Romanche
St Sorlin d'Arves
Col de la Croix de Fer
Arvan
St Jean d'Arves
St Michel-de Maurienne
Valmeinier
Valloire
N-D du Charmaix
Valfréjus
Modane
Aussois
Avrieux
Bramans
Termignon
Dent Parrachée 3684 m
Lanslebourg
Gr Roc Noir 3583
Parc National de la Vanoise
Col de l'Iseran
Levanna
l'Ecot 2027
Bonneval/Arc
Bessans
St Sébastien
Vallée d'Avérole
Charbonnel
Col du Mont Cenis
Italie
Vers Suse
Hautes Alpes
Aiguilles d'Arves
Roche Noire
Mont Thabor
Vers Oulx
Col du Galibier
Vers Bourg d'Oisans
Vers Briançon
N
0
10
20 Km

La pointe d'Avérole

ANNE & FABIAN DA COSTA

LA MAURIENNE

ÉDITIONS CURANDERA
— *photo & graphies* —

Pour Martin Morel

Que ces montagnes de Maurienne
restent toujours pour lui le symbole d'un autre
Royaume à atteindre...

MAJESTUEUSE MAURIENNE

Petit aperçu de la grande histoire de la Maurienne

Mont-Cenis : Anémones des Alpes

Avrieux

Comme un arc tendu entre deux mondes, la Maurienne lance ses crêtes et ses vallées, de la verte Combe de Savoie aux lumières de l'Italie. Là s'étend un pays né de la vallée de l'Arc et de quelques hautes vallées adjacentes. La Haute-Maurienne, elle, s'inscrit dans le cours supérieur de l'Arc, sur lequel débouchent les vallées d'Avérole, du Ribon, de l'Ambin sur la rive gauche, du Doron et de Termignon sur la rive droite.

L'étymologie de "Maurienne", se rattache habituellement au terme "maurian", mauvais ruisseau. L'Arc connu pour ses sautes d'humeur, ses crues soudaines et dévastatrices, avait ainsi marqué la mémoire collective. "Arc" d'ailleurs est un des mots venant du fond des âges et désignant tout simplement l'eau.

Favorisée par de nombreux cols propices à la circulation, et par de grands bassins, capables d'abriter les hommes à des altitudes supportables, la Maurienne connaîtra ses premiers habitants au néolithique, une fois terminée les grandes glaciations du paléolithique.
La belle hache de serpentine trouvée à Lanslevillard, les pierres à cupules et à empreintes de pieds, sont parmi les nombreux témoignages de cette occupation des terres.
A la souche ligure de la première pénétration se rajoutera bientôt une invasion celtique.
Deux grands peuples se partageront alors la Maurienne, les Graïocèles dans la partie supérieure de la vallée, les Médulles dans le reste du pays.
Voie de passage relativement facile à utiliser, climat favorable aux hommes et à leurs cultures, axe de traversée des Alpes, tous ces dons du ciel allaient certes profiter à la Maurienne, mais lui attirer aussi de redoutables visiteurs. Pour vivre heureux vivons cachés, dit le proverbe ; les Mauriennais ne pourront guère pratiquer cette sage maxime. Le grand va et vient des bandes armées de tous poils, régulières ou non, bouleversera longuement et profondément la vie de ces hommes solides, qui désiraient juste un peu de paix sur leur sol.

Dès l'âge de Bronze et à l'âge de Fer, passages et transits sont fréquents, et commencent à façonner le caractère particulier de ce peuple, pasteur et paysan.

Le Chanoine Gros, historien de la Maurienne nous rappelle que sur le colossal monument romain, appelé Trophée de la Turbie, situé entre Nice et Menton, figure, au milieu des quarante noms de peuples vaincus dans la guerre contre les tribus alpines, celle des Médulles, anciens habitants de la Maurienne.
La conquête romaine va se heurter à une force commune, organisée sous le commandement d'un enfant du pays, Donnus, puis de son fils, Cottius.
Lassés des guérillas incessantes dont ils sont victimes, les romains ont la sagesse de négocier avec les résistants. L'empereur Auguste installe Cottius roi, puis préfet dans sa capitale de Suse, en échange d'une libre soumission à l'autorité romaine. Son fils Julius Cottius lui succèdera à la tête de la nouvelle Province Romaine des Alpes Cottiennes.

A la chute de Rome, le pouvoir passera entre les mains des Francs ; Gontran, vainqueur des Lombards, fonde le nouvel évêché de Maurienne et de Suse, dont le siège est à Suse même.
Conquise par les fils de Clovis, la Maurienne restera française durant trois siècles et demi ; jusqu'à la mort de Charles-le-Chauve en 877. C'est d'ailleurs à Avrieux, au retour d'une expédition en Italie, que Charles-le-Chauve meurt, après avoir franchi le Mont-Cenis. La vallée de l'Arc et la Savoie seront alors rattachées au Royaume de Bourgogne-Provence, avant de revenir, à la mort de son dernier roi, entre les mains du Saint Empire Romain Germanique.

Pépin-le-Bref s'y rendit pour combattre les Lombards vers le milieu du VIIème siècle ; Charlemagne, son fils, y était vers 773. C'est là que, selon la chanson de Roland, il remit au Héros sa célèbre épée Durandal qui avait été forgée "Es vals de Morianne", à partir du minerai

minerai des Hurtières.

"Eh Durandal, que tu es belle et blanche !
Comme le soleil, que tu luies et flamboies !
Charles était en Val de Maurienne
("Es vals de Moriane")
Quand Dieu lui manda par son Ange
Qu' il te donne à un comte capitaine".

L'épée était si bien forgée que, selon la légende, Roland essaiera en vain de la briser pour ne pas la laisser aux mains de ses ennemis. Rassemblant ses dernières forces, il l'enverra au loin, allant se ficher dans un rocher à Rocamadour.

Les chroniques de Savoie nous racontent l'épisode de la bataille mené par Bérold de Saxe contre les Piémontais, vers l'an mille, sur le plateau de Sardières. On retrouvait encore au siècle dernier, sur l'esplanade du roc où campa Bérold, selon Fulgence Morin, "de lourdes armures... de vieilles monnaies, de nombreux tombeaux de pierre, qui attestent aussi bien que la tradition encore vivante dans toute la Maurienne, que jadis cette terre, appelée depuis la plaine des morts, a été arrosée du sang des guerriers."
On peut encore voir aujourd'hui sur la porte de l'église de Sardières, une très ancienne poignée sur laquelle ont été ciselées des armures et figures d'anges "qui semblent présider à un combat". Certains ont voulu y voir un souvenir de la fameuse bataille ; cette coquille d'épée ne paraît pourtant pas être antérieure au XVIème siècle.

Bien éloignée du pouvoir central, ayant perdu les structures romaines, abandonnée par le commandement franc, la Maurienne va entrer dans une sombre période de son histoire.

Au Xème siècle, les Sarrasins lancent des expéditions sur le pays, privé de défense et de direction efficace.
C'est une longue succession de massacres, de pillages, de famines, dont le souvenir marquera les esprits pour plusieurs siècles. Au XIème siècle, l'évêque Thibaud pouvait écrire, "Ce lieu dont je parais être l'évêque est complètement détruit."
Tout est à refaire, à reconstruire. Le pays tout entier attend le chef capable de faire renaître l'espérance.

Cet homme existe. D'abord administrateur de la région pour le Saint Empire Romain Germanique, il devient Comte de Maurienne vers l'an 1000, sous le nom d'Humbert aux blanches mains. Son fils, Odon, épousera la fille de la Comtesse de Suse, adjoignant aux possessions de son père, Suse, et la marche du Piémont.

Le Chanoine Gros, raconte une bien plaisante histoire qui concerne le fils aîné d'Humbert-aux-blanches-mains, Amédée Ier. "Les vieux chroniqueurs l'ont affublé du surnom de cauda, la Queue. Voici l'origine de cette étrange appellation. Un jour que le prince savoisien se présentait, suivi d'une nombreuse escorte au palais de l'empereur Henri III, les gentilshommes de service lui refusèrent l'entrée. Amédée protesta avec indignation et fit grand bruit. L'empereur demanda qu'elle était la cause de ce vacarme. Un des gardes répondit : "C'est le comte de Maurienne qui mène après lui une grande queue de gens. - Faites-le entrer, dit le souverain, mais que sa queue reste dehors. Le comte de Maurienne courroucé, fit répondre : si ceux que vous appelez ma queue n'entrent pas avec moi, je n'entrerai pas non plus. - Qu'il entre donc avec sa queue, s'écria l'empereur."
Nouveaux "Portiers des Alpes", les Comtes de Maurienne deviendront, Ducs, puis, Rois de Savoie, pour finir Rois d'Italie.

Une terre de passage

La légende et l'histoire considèrent Hannibal, comme le premier "touriste" de la Maurienne. Il est certain que si le chef de guerre carthaginois, ses cavaliers et ses éléphants, étaient passés par tous les lieux qui les revendiquent, le malheureux guerrier n'aurait fait que se promener, sans avoir eu le temps de réaliser la moindre conquête.

Route du Col de l'Iseran

Le Lac du...

... Mont Cenis

Pourtant, une hypothèse sérieusement étudiée, envisage comme possible un itinéraire, qui partant de la vallée de l'Arc jusqu'à Bramans, puis par le vallon d'Ambin, permet le passage du col du Clapier ou bien encore celui de Savine-Coche. Libre à chacun de croire ou d'imaginer la grandiose cohorte d'Hannibal, de ses farouches soldats, et de leurs célèbres pachydermes, s'étirant infiniment sur les rudes sentiers de Maurienne.

D'autres visiteurs, ceux-là parfaitement attestés, se trouveront d'irrépressibles envies de visiter la Maurienne. Il n'est pas toujours agréable de se trouver à la charnière d'un lieu géographique et hautement convoité par de remuants voisins. Les Mauriennais l'apprendront à leurs dépens, tout au long de leur histoire.

Lorsque François 1er et Charles Quint se chercheront noise, la Savoie fera les frais de l'occupation française. Il faudra attendre 1557, pour que le Duc de Savoie, Emmanuel-Philibert, à la tête des troupes de son oncle Charles Quint, batte les Français à Saint-Quentin, et récupère ses états au traité de Cateau-Cambrésis.

Né en Maurienne, le pouvoir dynastique se fixe en Piémont, et la Province devient Sarde.
Pour avoir voulu suivre de trop près la querelle Franco-Savoyarde du Marquisat de Saluces, la Maurienne se retrouve occupée par les troupes de Lesdiguières.

Le va et vient des troupes continue avec la guerre du Montferrat, puis de 1742 à 1749, la Maurienne connaît le poids des troupes espagnoles. En 1792, la Savoie occupée devient département français avant de redevenir piémontaise en 1815.

Mais les savoyards se sentent peu attirés par ce royaume Sarde qui n'est plus celui de leurs ducs et rois de Savoie. En 1860, le rattachement à la France est massivement plébiscité.

Il serait bien exagéré de penser que les Mauriennais furent toujours ravis de ces visiteurs nombreux et agités. Ils durent en subir brimades et exactions, bien plus qu'ils n'en retirèrent de grandes satisfactions. En trois siècles, du XVIème au XIXème siècle, ils connurent 73 ans d'occupation étrangère.
Pourtant cette position de transit ne leur aura pas été seulement néfaste. Au-delà des évidentes souffrances apportées par la soldatesque de tous bords, l'incessante circulation d'hommes et de marchandises, aura donnée au pays une partie de sa richesse économique et culturelle.

Les routes, jusqu'au XVIIIème siècle, se retrouvaient pourtant en bien piteux état. La principale voie de traversée jusqu'en Italie, était elle-même fort peu commode. Poussiéreuse l'été, mal dénneigée l'hiver, elle permettait plus le portage à dos d'hommes ou de mulets, que le roulage. Au début du XIXème siècle, les voitures devaient encore être démontées, et le Col du Mont-Cenis se franchissait de part et d'autre, grâce à la fameuse "ramasse" ; ce traîneau de branchages liés, sur lequel se faisaient descendre les voyageurs épouvantés.

La porte millénaire des Alpes

Le Col du Mont-Cenis porte bien son nom de "Porte millénaire des Alpes". Fondé au XIème siècle, par Louis le Débonnaire, fils de Charlemagne, l'hospice du Mont-Cenis, est un point de conjonction majeur de la circulation de pèlerins, de marchands, de tous horizons.

Si personne n'est tout à fait sûr du passage d'Hannibal ou de Saint-Martin, la liste des grands de ce monde qui ont franchi le Mont Cenis ferait rêver n'importe quel réalisateur de film historique. Pépin-le-Bref, Charlemagne, Charles-le-Chauve, Henri IV Empereur de Germanie, Frédéric Barberousse, Saint-Louis, François Ier, Henri III, Christine de Suède, la Duchesse Marie-Christine, la Princesse Marie-Thérèse-Louise de Carignan, La Princesse Joséphine, Son Altesse Royale Marie-Thérèse, le Roi Victor-Amédée, Bonaparte, puis Napoléon, l es Papes et les hommes d'églises, emprunteront aussi ce célèbre passage : Jean VIII, Saint Anselme, Pascal II, Innocent IV,

Grégoire X, Martin V, Saint François de Sales, Pie VII, Montaigne et le savant Mabillon.
En 1940, lorsque les troupes italiennes envahissent la Maurienne, les murs de l'hospice se couvriront d'inscriptions en l'honneur de Duce. Elles ne disparaîtront qu'avec le démolition de l'édifice.

Les hommes sur leurs terres

Entre les noires périodes, où l'affreux trio, peste-famine-guerre, ravage le pays, les hommes vivent le plus tranquillement qu'ils le peuvent ; bâtissant une civilisation agro-pastorale adaptée à leur sol et à son climat.

Bonneval

Le fond de la vallée devra attendre le XIXème siècle et le début de la révolution industrielle pour connaître un véritable développement. Dès le XVIème siècle on constate une nette prédominance des villages de montagne.
Leurs habitants ont su utiliser au maximum la conjonction d'une terre largement défrichée et cultivée, de forêts si proches, et des alpages d'altitude.

Le village est en général ramassé sur lui-même, les maisons se protégeant mutuellement des rigueurs du froid, serrées autour de l'église.

En moyenne et basse Maurienne le bois se marie à la pierre dans la construction. Plus haut, la pierre domine jusque dans les toits de lauzes, qui font de chaque maison une réponse minérale à la montagne environnante.
jusque dans les toits de lauzes, qui font de chaque maison une réponse minérale à la montagne environnante.

Dans la plupart des cas, la maison est un bloc compact où hommes et bêtes cohabitaient durant les longs mois d'hiver. Une seule et lourde porte ouvrait sur un corridor qui donnait accès à la porte de la cuisine ; un escalier montait aux chambres, un autre descendait à l'étable, et un plan incliné permettait d'engranger les lourdes trousses

Hameau de Vincendières

de foin dans la grange. Il était fréquent de voir paysans et animaux habiter aux plus froid de l'année dans une pièce unique, séparée ou non d'un rideau. Entre l'étable et la pièce à vivre, une rigole creusée dans le sol permettait l'évacuation du purin. Ce ne fût pas la moindre surprise pour les premiers "ethnologues", de constater à quel point les populations mauriennoises jouissaient, malgré ses conditions de vie rustiques, d'une santé remarquable. Les biens les plus précieux, les habits somptueusement brodés des femmes, les réserves de grains, étaient mis à l'abri dans des greniers en bois, bâtis sur des socles de pierre,

Briquettes de fumier

Bonneval

totalement indépendants de la maison.

Le bois est rare, et considéré comme un produit de luxe dans les hautes vallées, aussi confectionnent-on des briquettes de fumier de chèvre ou de mouton, qui séchées longuement au soleil, offrent un combustible gratuit et efficace.

Le travail des hommes

Toute la bonne saison est remplie à ras bord des travaux agricoles. D'abord ceux des cultures proches des village ; puis l'été venu, ce sont les grands départs pour l'alpage. Restent au village les anciens, et quelques femmes avec les très jeunes enfants ; à eux revient le soin des menus travaux de la ferme. Pour le reste de la famille c'est le grand trimbalement à dos d'hommes et de mûlets du nécessaire de la vie quotidienne, là-haut, dans le chalet, jusqu'aux premiers froids. Il faut monter les troupeaux de vaches qui vont enfin quitter leurs quartiers d'hiver pour les vastes alpages, hisser le grand chaudron et le matériel qui servira à la confection du fromage. C'est une grande fatigue, c'est aussi une grande joie. Les vieux n'y renoncent que lorsque perclus de rhumatismes, le chemin leur devient impossible.

Le travail ne manque pas là-haut non plus. Les bêtes à surveiller, la traite journalière et la confection du beurre et des fromages, occupent tout l'été. Viennent aussi les lourdes journées de fenaisons où il faut redescendre les énormes trousses de foin dans les granges du village.

L'hiver viendra vite, un hiver long, rude. Un temps où tout se resserre, où tout se ramasse, hommes et bêtes qui vont attendre le premier soleil du printemps nouveau.
Le travail passe du dehors au dedans. On tresse les paniers, on refait les outils de bois abîmés, on répare, on consolide. Les femmes brodent, tissent et filent. C'est aussi le temps des veillées où l'on s'amuse ferme malgré la dureté de la vie. Car la vie est dure, et parfois si pauvre, si dénuée de ressources, qu'il faut partir pour ses six ou sept mois d'hiver qui obligeaient à l'inaction. Bien sûr, ce sont les hommes qui partent ; les hommes et les jeunes garçons.
Sous l'image poétique du petit ramoneur savoyard, si attendrissant avec son visage barbouillé de suie et sa marmotte sous le bras, il faut voir aussi la misère de ces familles nombreuses, souvent au bord de la famine lorsque les récoltes de céréales étaient anéanties par le froid. Les archives de Bessans relatent cet été de 1816, où aucune récolte ne put être engrangée. Le printemps suivant les villageois durent se nourrir de lait et d'herbe des champs. Au rigueur du temps, il faut ajouter les crues redoutables et violentes qui arrachaient les cultures et renversaient les greniers. Pour qui a pu assister à une soudaine colère de l'Arc, il est facile d'imaginer les ravages causés aux cultures des paysans sans défense.

L'émigration, temporaire ou définitive, était toujours une épreuve lourde à porter, pour ceux qui partaient, comme pour ceux qui restaient au village.
Avant 1860, le courant migratoire descendait volontiers vers le Piémont où femmes et jeunes filles se plaçaient dans les familles turinoises. Après le rattachement à la France, quelques communes se spécialisèrent dans certains métiers, et dans certaines régions. Les gens de Bonneval se rendaient à Lyon, Paris et Marseille pour s'y faire chauffeurs de taxis. Ceux de Bessans, se firent d'abord cochers de fiacres, puis chauffeurs de taxis, modernisme oblige, mais toujours en région parisienne. Plus aventureux encore, de nombreux habitants de Lanslevillard et Lanslebourg partaient pour le Canada et l'Argentine.

Mais rien, jamais, ne remplaçait dans le coeur d'un vrai Mauriennais, le bonheur de vivre sur la terre de ses ancêtres. Ils y revenaient toujours, pour des vacances ou pour la fin de leurs jours.

Maurienne, une terre chrétienne

La Maurienne et la Haute-Maurienne, encore plus peut-être, sont terres chrétiennes par excellence. Cela s'inscrit dans la vie quotidienne des hommes, sur leur terre où églises, chapelles et oratoires, marquent le paysage de signes indélébiles. on ne s'étonne pas de constater que sur cette terre de foi et de traditions l'art baroque, venue d'Italie à la Contre-Réforme, a trouvé ici, une expression unique, un parfum personnel.

Notre Dame de Charmaix

Eglise de Saint Pierre d'Extravache

SAINT JEAN ET LA MAURIENNE

Cloître de la Cathédrale de Saint Jean

Route de la Vallée des Arves

C'est à Saint Jean que se trouve résumée presque toute l'histoire de la Maurienne...
Tout commence par l'arrivée de deux pèlerins chez Thècle et sa sœur Pigménie, qui habitent ensemble à Valloire. Thècle s'était consacrée à Dieu et au service du prochain, et Pigménie, devenue veuve, s'était jointe à elle. Au cours de la conversation, les pèlerins, qui étaient en fait des moines irlandais de retour de Terre Sainte, se mirent à leur raconter les miracles opérés par les reliques de Saint Jean-Baptiste qui se trouvaient à Alexandrie, en Egypte. Thècle fut prise d'un ardent désir de ramener dans son pays une partie de ces merveilleuses reliques. Ayant traversé l'Italie et visité Rome, elle s'embarque à Ostie pour l'Egypte. Arrivée à Alexandrie, elle se rend à l'église où était conservé le corps du Saint Précurseur pour y faire ses dévotions, puis tenter à se procurer ce qu' elle était venue chercher de si loin. Deux années durant elle se rendit, mais en vain, près du saint tombeau priant Dieu et Saint Jean-Baptiste de l'exaucer. Au début de la troisième année, n'en pouvant plus, elle décida de jeuner près du tombeau jusqu'à ce qu'elle obtienne gain de cause. "Le septième jour, alors que Thècle était déjà complètement épuisée par le jeune, un pouce apparut sur l'autel, entouré d'une lumière éclatante"... Thècle le recueille, le dépose dans une cassette d'or, et rentre enfin dans son pays. C'est ainsi que Grégoire de Tours nous raconte l'histoire au VIe siècle. D'après le Chanoine Gros, le voyage de Thècle se place vers 540/545. Déposées à Maurienne, les reliques ne tardèrent pas à y être vénérées comme il se doit, jusqu'à attirer l'attention de Gontran, roi de Bourgogne, qui fit construire une église plus grande et ériger à Maurienne un siège épiscopal. Le premier évêque nommé fut Elmase, sacré par l'évêque de Vienne au synode de Châlon en 579. C'est ainsi que la petite bourgade deviendra Saint-Jean-de-Maurienne et c'est pourquoi l'on peut voir sur ses armoiries les trois doigts, ou la main couronnée, de celui qui baptisa le Christ dans le Jourdain. Thècle se retira ensuite dans une grotte, sur le flanc de la montagne du Rocheray, où elle vécu en ermite jusqu'à la fin de ses jours.

La cathédrale

Détruit à de nombreuses reprises depuis 580, le bâtiment actuel date en grande partie du XIIe et XVe siècles. Précédé d'un péristyle du XVIIIe qui abrite le mausolée d'Humbert-aux-Blanches-Mains, on peut y découvrir à l'intérieur un ciborium d'albatre de style gothique flamboyant, réalisé par Michel Verges, où était conservé le précieux reliquaire, ainsi qu'un ensemble de stalles du XVe siècle dues au sculpteur genevois Pierre Mochet ; l'une d'entre elles est réservée au chef de l'état, chanoine d'honneur de la cathédrale.
Le cloître, du XVe siècle, donne accès à une crypte qui est probablement l'ancienne basilique élevée au VIe siècle.

Le palais épiscopal abrite aujourd'hui un musée archéologique et d'art populaire. Un autre musée peut aussi se visiter dans la ville, il est consacré à la fabrication du célèbre couteau Opinel.
Joseph Opinel, taillandier à Albiez-le-Vieux, eut l'idée de réaliser un couteau de poche à manche de hêtre et à lame pliante, rivale de Durandal. Il choisit pour emblème "la Main Couronnée", cette main bénissante qui présente trois doigts levés, annuaire et auriculaire repliés, armoiries de Saint-Jean-de-Maurienne.
Aujourd'hui la fabrication se fait surtout à Cognin, prés de Chambéry, et sa réputation a largement franchi les frontières de la Savoie et de la France (pour preuve les nombreux brevets qui tentent de le protéger jusqu'en Asie du Sud Est).

Les visiteurs de Saint Jean de Maurienne, toujours très bien reçus, ne doivent quand même pas s'attendre à trouver dans les rues, ces hommes qui,"vêtus de peau d'ours, têtes, corps, bras et mains, cuisses, jambes et pieds, si proprement qu'on les eut pris pour des ours naturels", accueillirent le roi Henri II qui faisait étape dans leur ville en 1548.

Ciborium de la Cathédrale Saint Jean-Baptiste (1497)

Sainte Thècle - Bois polychrome (Eglise de Valloire)

Opinel géant

et Musée Opinel à Saint Jean de Maurienne

Débardage du bois par hélicoptère en Basse-Maurienne

Eglise de Valloire

HAUTES VALLEES
DE LA BASSE MAURIENNE

Eglise de Valloire

Le Col du Glandon

Les vallées adjacentes à la vallée de l'Arc sont parmi les plus riches en ce qui concerne les coutumes, légendes et costumes....

C'est en compagnie d'Estella Canziani que nous les visiterons. Cette jeune femme anglaise va parcourir la Savoie en compagnie de son père à partir de 1905. Déjà frappée de la rapidité avec laquelle certaines parties de la Savoie se modernisent "et par le fait que les costumes pittoresques sont malheureusement remplacés peu à peu par les vêtements de confection", son talent d'aquarelliste nous a laissé de précieux témoignages de la vie traditionnelle : - costumes ustensiles, intérieurs - mais aussi un texte d'une grande fraîcheur qui nous rapporte anecdotes et légendes locales.

Son livre commence par la vallée des Villards...

La vallée des Villards

Sa première excursion est pour une fête à Saint-Colomban-des-Villards : "L'église était une véritable mer de couleurs chatoyantes, car chaque femme avait mis ses plus beaux habits, et il y avait là des fichus, des mouchoirs, des tabliers de toutes teintes : du rouge, du bleu, du vert, de l'orange, du pourpre. Beaucoup de mouchoirs étaient à longues franges ; de longs rubans brodés de fleurs et des tresses de perles pendaient dans le dos ; des étoiles en or et en strass, des agrafes avec des perles de couleur fermaient les ceintures. Les enfants et les bébés de tous âges étaient aussi habillés de couleurs vives."

Plusieurs mois durant, levée à cinq heures, Estella Canziani peint, vit, parle avec ces paysans qui la bouleversent par leur gentillesse, leur ardeur mise à l'aider, à l'accueillir. Elle fait là, travail d'artiste, d'ethnologue. Son ouverture d'esprit est étonnante, ainsi que sa facilité d'adaptation à des conditions de vie rudes et inhabituelles. "Les maisons de Saint-Colomban consistent en une pièce au rez-de-chaussée qui sert à la fois de chambre où se tenir, de cuisine, de chambre à coucher et d'étable. Elle est parfois surmontée d'un étage. Toutes les étables sont voûtées ; la plupart ont un pilier au centre, et dans beaucoup les lits sont suspendus au plafond pour les protéger des rats. En avant de l'étable il y a toujours une construction isolée, en bois, de dix à quinze pieds carrés, supportée par des blocs en forme de champignons. La porte en est toujours fermée et pendant longtemps je ne pus comprendre à quoi elle pouvait servir, jusqu'à ce qu'un jour, ayant demandé à peindre un certain costume, très original, l'une des paysannes me dit de venir avec elle dans sa garde-robe. Elle ouvrit la porte et je vis l'intérieur garni de rayons sur lesquels étaient disposés les costumes. Sur l'un il y avait des ceintures, sur un autre des tabliers, sur un autre des mouchoirs, et ainsi de suite, tous proprement pliés. Je m'étais toujours étonnée de voir les paysans si propres et si coquets, malgré la saleté des étables où ils vivent : maintenant ce mystère m'était expliqué."

Ce petit village a aussi la particularité de posséder une technique originale de construction : les murs sont volontairement désolidarisés de la charpente pour supporter de légers glissements ou tassements de terrain.

De nombreuses scènes décrites peuvent encore se voir aujourd'hui, telle cette façon de ramasser les foins "dans une sorte de drap carré dont deux coins sont noués en diagonale". Et si l'on ne rencontre plus guère de traîneaux, les bergers sont toujours là, comme du temps d'Estella Canziani. Beaucoup de troupeaux appartiennent à de grands propriétaires provençaux, car la transhumance se pratique toujours même s'ils ne viennent plus à pied de Provence jusqu'aux alpages du Col du Glandon ou de la Croix de Fer. C'est là qu'arrivera d'ailleurs le voyageur qui, de Grenoble, veut se rendre en Maurienne et aura choisi, plutôt que l'autoroute, la voie plus poétique qui, par la vallée de la Romanche et celle de la Combe d'Olle, entre les massifs de Belledonne et des Grandes Rousses, longeant la retenue d'eau du barrage de Grand Maison, lui fera découvrir la Savoie depuis le Col de la Croix de Fer...

C'est de ce col — où se trouve encore la fameuse croix — que l'on découvre un panorama unique sur les Arves, les Ecrins, les Grandes Rousses, Sept Laux et jusqu'à la

Combe d'Olle

Col de la Croix de Fer

Les Aiguilles d'Arves vues de la Croix de Fer

Les Aiguilles d'Arves

Vanoise. Ici on a parfois l'impression d'écouter les secrets que le vent transmet de génération en génération quand la lune brille au-dessus des glaciers et que les aiguilles d'Arves, "revêtues d'or par le soleil couchant "(E. Canziani), montent la garde, sentinelles toujours en éveil au-dessus de Saint-Sorlin et de Saint Jean-d'Arves. Ces doigts levés vers le ciel ne font-ils pas penser à ceux qui plus bas nous attendent dans la cathédrale de Saint Jean-de-Maurienne, ceux du précurseur qui désigna le Christ : "Voici l'agneau de Dieu..."

Ces paysages mystiques incitent à vivre avec l'invisible ; ici se tissent les légendes et les fées ont été longtemps les compagnes des hommes. Les aiguilles d'Arves elles-mêmes sont l'axe vers lequel se dirige comme d'instinct le regard. D'après Van Gennep, on enterrait les morts les pieds tournés vers elles : "bien qu'on ne les adore plus, les gens les considèrent encore avec une crainte superstitieuse et affirment que ces pics contiennent des trésors immenses d'or et d'argent que gardent les esprits des montagnes..."
Estella nous rapporte aussi l'histoire de cet ermite qui vivait dans le village de Dieublanc, au pied des Aiguilles d'Arves. Là, "Vivait un homme remarquable pour sa piété exemplaire. Fatigué de la société de ses compatriotes, où le salut de son âme se trouvait en danger, il se retira dans un petit chalet près de son village natal. L'hiver il s' occupait à faire le ménage de sa modeste hutte et à contempler les choses du ciel. En été, il conversait avec ses compatriotes. Mais quand la neige était tombée, il vivait isolé et n'avait pour compagnon que son fidèle chien Grison. Le chien comprenait très bien son maître et ne le troublait jamais dans ses prières. Chaque jour l'ermite l'envoyait au village du Chambon pour qu'il lui rapportât sa nourriture. Le temps qu'on lui passa une couronne au cou, et le chien revenait vers son maître à toute vitesse. Mais la vie singulière de cet homme attira bientôt l'attention du curé de sa paroisse ; lors de sa visite annuelle au hameau de Dieublanc, il alla trouver l'ermite et lui dit : "Je sais que vous menez une vie édifiante ; mais pour être certain que vous ne péchez pas sept fois par jour, il vous faut purifier votre conscience par une bonne confession."
L'ermite répondit qu'il ne demandait pas mieux et promit de se rendre à l'église dans quinze jours. Le jour dit, il se mit en route, simplement pour obéir au désir du curé et à la promesse qu'il avait faite, tout en regrettant de quitter son ermitage même pour quelques jours. Comme il entrait au confessionnal, le prêtre lui fit remarquer que par respect pour ce saint lieu, il aurait dû laisser dehors son grossier manteau. "Où le mettre ?", demanda l'ermite ; et le prêtre répondit avec impatience : "Accroche-le aux rayons du soleil." On était au mois d'août et les rayons solaires pénétraient dans l'église à travers les vitraux. L'ermite, sans montrer qu'il se fût aperçu de l'impatience du curé obéit, et... Ô miracle ! le manteau resta pendu aux rayons. Emerveillé, le curé dit à l'ermite : "Tu es plus saint que moi" ; et il lui dit de partir sans s'être confessé.
L'ermite retourna à sa hutte afin d'y continuer sa vie de méditations et de prières. Ses parents du Chambon surveillaient chaque jour l'arrivée de son fidèle chien. Mais un jour, le chien arriva très fatigué et refusa de remporter la nourriture. Plus on s'efforçait de fixer la couronne à son collier, plus il s'y refusait, et faisait des gestes comme pour dire de l'accompagner. "Surement, il est arrivé quelque chose !" dirent les parents ; et accompagnés de quelques amis, ils suivirent Grison jusqu'au chalet. Ils venaient de dépasser le village de Vallonnées quand ils virent devant eux une étrange procession d'anges vêtus de robes lumineuses. Quatre d'entre eux portaient un cercueil sur leurs épaules, pendant que les autres chantaient les offices des morts. En voyant cette procession, les paysans s'arrêtèrent ; mais qu'elle ne fut pas ensuite leur surprise au tournant du chemin de trouver une bière vide. Ils comprirent alors que les anges s'étaient dépêchés de venir chercher quelqu'un qu'ils regardaient comme leur frère. En mémoire de quoi, les habitants de Saint-Jean-d'Arves élevèrent une croix à l'endroit où la bière avait été trouvée. Jusqu'à ce jour, cet endroit se nomme le Molleret de la Croix."

Les intérieurs traditionnels de ces hautes vallées sont partagés par les hommes et les animaux. Un proverbe savoyard ne dit-il pas "les bêtes, à part le baptême,

Alpages et bergeries au Glandon

et au Galibier

savoyard ne dit-il pas "les bêtes, à part le baptême, c'est comme les gens," c'est-à-dire qu'elles doivent être bien traitées. Ce mode de vie que l'on appelle cohabitation permettait d'utiliser la précieuse chaleur animale pour pallier aux rigueurs du climat. Bien souvent les moutons dormaient sous le lit clos de leur maître et leur mangeoire servait de banc pour s'asseoir à table, ainsi pas de place perdue, mais chacun à sa place... Dans certaines régions les lits étaient même superposés : " lorsque nous devions passer la nuit dans une de ces armoires, le rayon le plus élevé appartenait de droit à notre fils René, notre compagnon de voyage ; mais il ne pouvait l'atteindre et s'y installer qu'en mettant à profit ses connaissances en gymnastique", rappelle Achille Raverat. Une de ces "photographies à la main" — terme utilisé par ses modèles pour désigner les aquarelles de Miss Canziani — représente d'ail-leurs une pièce où des paysans vivent et dorment avec leurs bêtes. Cette familiarité avec la nature et le surnaturel nous amène à évoquer le souvenir des défunts, dont on conserve jusqu'aux couronnes mortuaires faites de perles et de zinc. Exposées sur les murs des églises, comme à Saint Sorlin d'Arves, elles les décorent d'une dentelle qui resplendit aux rayons du soleil.

La révolte des Arves

Un des épisodes les plus célèbres de l'histoire de la Maurienne est celui de la révolte des Arves.
C'est en 1326 que se révoltèrent les habitants de la vallée, excédés probablement par la rapacité de fonctionnaires épiscopaux trop zélés chargés de collecter les diverses redevances, contre l'évêque de Maurienne, Aymon, allant jusqu'à l'attaquer lors d'un séjour à Saint Jean d'Arves. Celui-ci put s'enfuir, mais ils descendirent à Saint Jean pour mettre le feu à l'église et son clocher "massacrant plusieurs officiers et familiers du seigneur évêque qui s'y étaient réfugiés."

L'évêque dut recourir au Comte de Savoie Edouard pour calmer les esprits : "La facilité avec laquelle le Comte Edouard eut raison de la révolte, les grands avantages du traité de 1327 qui en fut la conclusion ont porté plusieurs historiens à se demander si ce prince n'avait pas susciter, ou du moins encourager, la rebellion", ainsi le Chanoine Gros nous livre peut-être le fin mot de cette affaire qui fit couler beaucoup d'encre jusqu'au début de notre siècle...

De Saint Jean d'Arves on redescend la vallée de l'Arvan par une route spectaculaire, surplombant des ravins vertigineux. Creusée dans une roche schisteuse, elle mène à Saint-Jean-de-Maurienne et aux "beautés de la ville".

Vers les Cols de la Madeleine et du Galibier

Deux autres vallées méritent d'être signalées.
La première est celle qui de Maurienne, au niveau de La Chambre, permet de passer en Tarentaise par le Col de la Madeleine (d'où l'on a une vue splendide sur le Mont Blanc) et conduit vers Saint François -Longchamps, station de ski qui se développe non loin des cheminées de fées que l'on peut observer de l'autre côté du Bugeon.

L'autre vallée, celle de la Valoirette, part de Saint Michel de Maurienne et permet, par le Col du Télégraphe, de gagner Valloire, importante station de sports d'hiver reliée par pistes à Valménier. C'est la route traditionnelle qui permet de gagner le briançonnais et les Alpes du Sud. On dit qu'Hannibal s'y fraya un passage en entourant un gros rocher de bois trempé dans du vinaigre et en y mettant le feu pour le faire éclater. Sainte Thècle était originaire de Valloire, et c'est de là également, qu'Estella Canziani. nous raconte la vie scolaire des enfants de la montagne : "Les enfants vont à l'école aussitôt qu'il fait jour, et n'en reviennent qu'à la tombée de nuit. Les classes du matin cessent à 11 heures, et celles de l'après-midi recommencent à 1 heure et demie ou 2 heures. Toutes les classes débutent et finissent par la prière, et le soir, ils vont d'ordinaire à l'église chanter les litanies. On apprend aux enfants le français, l'arithmétique, spécialement le système décimal, l'écriture, le catéchisme et enfin, chose à laquelle on tient beaucoup, les bonnes manières. Il n' y a pas longtemps, on leur permettait d'apprendre à lire dans n'importe quel livre, qu'ils apportaient à l'école, et on leur

Route de Montvernier

Escalade à Saint Léger

Le Col du Galibier

Le Col du Galibier

apprenait aussi à lire des manuscrits. L'enfant qui pouvait lire l'écriture la plus difficile était regardé comme un prodige de savoir. Beaucoup de gens regrettent qu'on ait cessé de faire lire de vieux manuscrits, car cela était fort utile pour consulter les papiers de famille. En ce temps, il était absolument impossible aux parents d'obtenir des cahiers d'école et des livres scolaires ; on se servait alors de tous les papiers qui vous tombaient sous la main.
"Comme punitions, on faisait agenouiller les enfants sur un morceau de bois avec les bras croisés, pendant plusieurs heures de suite ; et s'ils étaient paresseux, on leur frappait sur les doigts. Pour quatre mois d'enseignement par an, les maîtres recevaient quarante-six francs environ, les maîtresses quarante francs, et de plus les familles apportaient des victuailles et des provisions de toute sorte."

L'église de Valloire mérite une visite, pour Sainte Thècle, bien sûr, originaire du pays, mais aussi pour admirer un splendide décor où bois dorés, statues polychromes et stucs de la voûte du chœur forment un ensemble exceptionnel qui ravira l'amateur de style baroque. La route qui suit, après Valloire, la vallée de la Valloirette, est l'une des plus célèbres pistes d'entraînement pour les candidats au tour de France. En effet, elle mène au célèbre Col du Galibier à travers l'univers des hauts alpages de Plan Lachat et les paysages minéraux des gigantesques pyramides du Grand Galibier. On y mesure l'effort fournit par les très nombreux cyclistes qui s'y affrontent ; de l'autre côté se trouve d'ailleurs un monument à la mémoire de Henri Desgranges, fondateur du Tour de France. Le Col se situe à 2 646 mètres ; c'est ici la limite de la Savoie et des Hautes Alpes vers lesquelles la route invite à descendre en faisant une halte au Col du Lautaret pour y visiter son remarquable Jardin Alpin.

LA HAUTE MAURIENNE

Hameau de Vincendières, dans la vallée d'Avérole

Cheminée au Hameau de Vincendières

Modane

C'est de Modane que nous partirons à la découverte de la Haute Maurienne, mais tout d'abord, faisons étape dans cette ville célèbre pour sa gare et ses tunnels qui, de ses environs, s'enfoncent sous le Fréjus pour rejoindre l'Italie à Bardonechia.
Après une vaste boucle qui lui fait faire le tour de l'extrémité de la ville, comme un dernier tour d'honneur en France, le train s'enfonce et disparait sous la route qui continue son chemin vers la Haute Maurienne. Premier tunnel transalpin, ses 13 kilomètres ont été réalisés de 1857 à 1871 sous la direction d'un ingénieur Savoyard, Germain Sommeiller, à qui l'on doit l'invention des perforatrices à air comprimé ; son entrée monumentale, située au-dessus de Modane, est aujourd'hui transformée en musée, une splendide locomotive à vapeur y a été installée pour commémorer le souvenir de cette épopée des transports ferroviaires.

Peu avant cette entrée on peut visiter une étrange construction, la maison penchée ; il s'agit en fait d'une casemate de défense qui s'est à moitié enfoncée dans le sol à la suite d'un dynamitage du tunnel en 1944. En y pénétrant on perd tous points de repères horizontaux, la sensation de déséquilibre que l'on y ressent en fait déconseiller l'expérience aux personnes sujettes au mal de mer !
Le tunnel routier fut perçé de 1974 à 1979 ; s'il n'atteint pas tout à fait les 13 kilomètres de son ancêtre, il voit cependant un trafic de plus en plus accru se développer entre la France et l'Italie, laissant aux touristes moins pressés l'historique voie du Mont-Cenis.

Plus haut, sur la route de Valfréjus, charmante station de ski récemment créée, un autre bâtiment attire l'attention. Curieusement construite sur un ravin au-dessus du torrent, l'église de Notre-Dame de Charmaix abrite une statue de la Vierge vénérée, dit-on, depuis le IVe ou le Ve siècle. Elle est en marbre blanc peint en noir ; particulièrement honorée lors du pélerinage — le plus important de la Maurienne — qui a lieu le premier dimanche de septembre.
En 1041, une chapelle remplaça l'oratoire primitif, puis l'on construisit un pont qui permet au chemin, fort heureusement interdit aux véhicules, de franchir le ruisseau, passant presque dans l'église sous un vaste porche qui abrite l'entrée du sanctuaire .

Porte de la Vanoise

C'est près de Modane que se trouve la première voie d'accès au Parc National de la Vanoise : une route conduit jusqu'au refuge de l'Orgère (80 places) point de départ pour de nombreuses randonnées.
C'est ici une porte du Parc, mais ici pas de gardien ni de ticket ; l'entrée en est libre, il est seulement demandé de respecter quelques lois de protection de la nature qui ont été poétiquement présentées par l'écrivain Samivel dans ses "commandements".
C'est aussi là que prend naissance le premier sentier écologique créé sur le parc. Long de deux kilomètres et demi, il permet en deux heures de temps de s'initier à la faune et à la flore grâce à des panneaux pédagogiques parsemés tout au long du parcours.

On peut aussi par le G.R. 55 rejoindre à pied Pralo-gnan-la-Vanoise en faisant étape au refuge de Peclet Polset ; ou bien, plus simplement, choisir de faire la boucle qui, contournant la Tête Noire, passe près du Lac de la Partie, randonnée au cours de laquelle on aura, en été, probablement l'occasion de rencontrer un berger et son troupeau. Avec un peu de chance ce sont des chamois que l'on pourra observer sur le sentier qui redescend vers le hameau de Polset.

Lointaine Maurienne

Passé Modane, nous allons quitter une vallée parfois trop industrialisée pour pénétrer dans un paysage qu'auraient pratiquement pu décrire les nombreux voyageurs qui, depuis Hannibal, empruntèrent cette voie d'accès vers l'Italie.
Ce qui fait le prix de la Haute Maurienne, c'est d'avoir su conserver une nature pratiquement intacte et un patri-

Avrieux vu de la Norma

Vue prise de la Norma

Troupeau vers la Tête Noire en Vanoise

Randonneur et troupeau vers le Lac de la Partie, près du Refuge de l'Orgère

moine artistique digne des plus hauts lieux de l'art religieux en France.
Cette alliance entre la terre et l'homme est peut-être ressentie avec une telle intensité à cause de la grande difficulté des conditions de vie dans la haute vallée. En effet celles-ci se font de plus en plus rudes au fur et à mesure que l'on remonte le cours de l'Arc jusqu'à atteindre ce "bout du monde" qu'est le village de l'Ecot au pied des glaciers des sources de l'Arc.

Il suffit de peu d'imagination, pour se rendre compte, au-delà de la splendeur des paysages, de la beauté des villages, de l'âpreté de la vie quotidienne des montagnards. Avant l'arrivée d'un certain progrès et de l'apport économique du tourisme, les ressources étaient maigres, si maigres qu'elles ne suffisaient pas forcément à faire vivre la famille les longs mois d'hiver.

Conducteurs de fiacres, puis de taxis, écaillers sur les boulevards parisiens, colporteurs ou ramoneurs, derrière ces figures pittoresques se cachent une grande misère, et une immense nostalgie. La tristesse de celui qui s'expatrie pour gagner un peu de pain hors de chez lui.

Elle est belle, elle est touchante, l'image du petit ramoneur ; avec son visage noirci, son hérisson sur l'épaule et une hypothétique marmotte sous son bras, au moins pour la photo. Mais sans tomber dans un misérabilisme facile, car tous ces enfants n'étaient pas forcément maltraités, les témoignages de ceux qui ont vécu cet exil sont bien poignants. Voici celui d'un grand-père qui raconte son expérience de petit ramoneur.
"Il y longtemps, j'étais encore petit garçon, j'avais treize ans, c'était l'automne, les travaux terminés à peu près. On se préparait à passer l'hiver. Mais chez nous c'était la misère et il fallait s'habiller, il fallait se suffire. Alors les enfants de mon âge quittaient le pays pour se faire nourrir et habiller à l'étranger.
C'est pourquoi un jeudi matin, mon papa m'appelle et me dit : - Pierre il te faut penser à aller chercher du travail pour l'hiver. Tu vas prendre une musette avec un morceau de pain, de jambon et de fromage et tu vas aller par les "France-bas". Dans deux jours tu n'auras plus rien à manger, alors il te faudra mendier. Ce sera dur, mais que veux-tu, tu es le premier et après toi, il y en a sept à nourrir. Va mon petit, tu nous reviendras au printemps.
En me disant ça, mon papa s'est mis à pleurer. J'ai fait comme lui, mais il fallait m'en aller.
Ma musette fut vite pleine et je me suis mis en route avec deux sous. Arrivé à la ville, j'ai trouvé mon ami Fantchéi qui s'en allait lui aussi à l'aventure. Le premier jour nous avons fait une quinzaine de kilomètres au bout desquels nous avons frappé à la porte d'une maison où nous avons demandé à loger. Tout de suite nous fûmes logés à l'écurie. Là bien au chaud nous avons passé une bonne nuit, puis le matin la femme de la maison nous a donné un morceau de pain blanc et un morceau de lard et de fromage, puis nous sommes repartis plus loin. Nous avons ainsi marché pendant des jours, des semaines entières.
Enfin arrivés chez un Monsieur, nous fûmes embauchés pour aller ramoner les cheminées des uns et des autres. On partait le matin à 7 heures et on rentrait le soir tard avec cinq ou six sous en poche. En rentrant il fallait verser l'argent de la journée au patron avant de manger la soupe. C'est ainsi que nous avons vécu pendant quatre mois. Le dimanche on ne travaillait pas, on allait à la messe dans une église comme la nôtre. Beaucoup de gens nous connaissaient. Les enfants nous montraient du doigt : "Les ramoneurs de Savoie". En semaine on était toujours noir, mais le dimanche on était lavé et on avait un beau complet de velours que le patron nous avait acheté. Enfin au printemps le patron n'ayant plus de travail pour nous, nous fit comprendre qu'il fallait rentrer chez nous. Il nous donna à chacun 20 sous et notre complet et nous revînmes au pays natal.
Fantchéi me disait : - Papa va être content je lui rapporte 20 sous, pourvu que personne ne soit malade et que ma chèvre ait fait deux beaux chevraux !
Arrivés à la ville, nous regardons longuement le beau pays de Montaimont avec Notre-Dame là-haut sur le crêt et comme si nous n'étions pas fatigués, nous nous dépêchons de monter les voûtes pour arriver vite à la maison.

L'Ecot (altitude 2 027 mètres) dernier hameau vers les Sources de l'Arc

Au plan de Notre-Dame, nous courrons tellement nous sommes contents. Arrivés à 50 mètres de la maison, Barbet notre chien vient à ma rencontre, il me reconnaît.
-Barbet, que je lui dis, tu n'as pas changé.
Et d'un bond je suis à la maison. Je revois papa, maman, mes deux frères et trois sœurs. La dernière, Catherine était toute petite quand je suis parti et maintenant elle marche toute seule. Tout le monde est content et moi surtout. Ah ! Les enfants ! Il n'y a rien de si bon que la maison paternelle, quand on est loin on veut y revenir, mais malheureusement quand on y est il faut partir !"
(De Bouche à Oreille... Daniel Dequier. Curandera).

"On y passe souvent, on ne s'y arrête pas", pouvait-on dire à la fin du siècle dernier lorsque le chemin de fer passait la nuit par la vallée de l'Arc avant de s'engager dans le tunnel récemment construit sous le Mont Fréjus ; on pouvait aussi se plaindre alors de la rareté des hôtels et des guides. Ce n'est plus fort heureusement aujourd'hui le cas : hiver ou été, la Haute Maurienne est devenue l'un des séjours préférés des amateurs de randonnées — pédestres ou à ski de fond — grâce notamment à la création du Parc National de la Vanoise.

Lointaines à la fois dans l'espace et dans le temps sont les vallées adjacentes à celle de l'Arc où la vie quotidienne semble rester intemporelle.

Pierres à cupules et à pieds...

Si la vallée des Merveilles, dans le Parc National du Mercantour, est célèbre pour ses énigmatiques symboles gravés sur ses rochers, on peut aussi trouver en Haute Maurienne d'autres pierres non moins étranges, dont les inscriptions, qui pourraient dater du néolithique, n'ont pas encore été élucidées.
Les pierres à cupules abondent en Haute-Maurienne. Ces rochers sont gravés de petites cavités hémisphériques, quelquefois coniques. Elles ont été creusées par percussion ou rotation d'un outil en pierre dure.
Depuis des siècles, les hommes se sont posés des questions sur l'origine et la signification de ces gravures et cavités. Les chercheurs ont fini par remarquer une position géographique constante de ces pierres. Elles sont pour la grande majorité situées face à des paysages dégagés, qui surplombent une vallée, et qui ouvrent sur de vastes horizons.
La plupart des archéologues, pensent que ces pierres ont, soit servies à des libations offertes à des divinités, soit même à l'exécution de sacrifices humains. Certains ont émis l'hypothèse de leur utilisation comme table d'orientation, ou bien même, de leur représentation possible des constellations. Toutes ces spéculations ne reposent sur aucune certitude, et laisse libre cours à l'imagination ou au rêve. En Maurienne, à Lanslevillard, la Pierre des Saints, ne comporte pas moins de 140 cupules et bassins.
La plupart des auteurs attribuent ces sculptures à la période mégalithique alpine, qui s'étend du Néolithique au Bronze Moyen. Mais là encore, rien de définitif et de certain n'a pu être prouvé.
Les "pierres aux pieds", sont particulièrement nombreuses en Maurienne, et se trouvent pour la plupart en haute altitude, de Saint-Michel-de-Maurienne jusqu'à Bessans.
Les figurations de pieds se trouvent en général rassemblées sur une seule pierre, et souvent associées à de grandes cupules. La taille de ces empreintes, laisse à penser qu'il s'agissait d'une population de petite taille, semblable à celle qui occupa le massif au Néolithique. Il est aussi possible par contre d'y voir des empreintes de pieds d'enfants ou d'adolescents, d'une population à la taille similaire à la nôtre. On pourrait alors imaginer ces dalles servant à des rites initiatiques ou à des rassemblements cultuels.

Plusieurs centaines de rochers de Haute-Maurienne, entre Termignon et Bessans, portent des gravures rupestres, souvent difficiles à découvrir.
Bien plus tardives, puisque datant du Moyen-Age, les pierres historiées présentent un bien amusant livre d'images. Ces pierres historiées se trouvent dans deux zones bien déterminées : le vallon de la Rocheure, à l'intérieur du massif de la Vanoise, et au col du Mont-Cenis. La

grande dalle du Vallonnet à Termignon retrace avec beaucoup d'expressions et de mouvements, un combat de chevaliers. Dans les alentours du site, on trouve également des scènes d'exodes, de mise à sac. Des figurations d'armes seules et de grands formats existent aussi sur des rochers disséminés.

La tradition populaire s'est bien entendu emparée de ces rochers aux formes étranges, ou couverts de signes non déchiffrables, et les a auréolés de légendes.
Il existe à Bessans, deux "pierres à glissades". Ce sont des rochers à la surface inclinée, qui avaient la vertu de guérir la stérilité des femmes, et de procurer un mari aux jeunes filles qui se laissaient glisser dessus.
D'autres rochers, dont l'érosion a creusé la surface en "empreinte" de sabot ou de pied humain, sont devenus pour la croyance populaire, traces du passage d'un saint et de sa mule : telle par exemple, la Pierre Saint-Martin, et à Bonneval-sur-Arc, le Pas de Saint-Landry.
De nombreuses découvertes témoignent d'une occupation humaine, peut-être temporaire, telles que fibules en bronze, bracelets et autres colliers datant du V° siècle avant notre ère jusqu'à la période gallo-romaine.

Art religieux

Ce qui fait l'originalité artistique de cette vallée, c'est un ensemble de fresques et de sculptures qui d'Avrieux à Bessans font de la Haute Maurienne un haut lieu — au sens propre et au figuré — de l'art religieux en France.

Saint Pierre d' Extravache

Au-dessus de Bramans, ancien prieuré bénédictin dépendant du chapitre cathédral de Saint Jean, il faut prendre la route qui, suivant le ruisseau d'Ambin, mène au Col du Petit Mont-Cenis. Passée la Chapelle Notre-Dame de Délivrance, on arrive à l'ancien prieuré de Saint Pierre d'Extravache.
Selon la tradition, c'est à deux disciples de l'apôtre Pierre, que remonterait la christianisation de la Maurienne. Les Saints Elie et Milet, venant de Rome, via Suze et Novalaise, passèrent le Col du Petit Mont-Cenis, et s'arrêtèrent à Extravache où ils firent leurs premières conversions sur le sol de la Savoie... Est-il vrai que Saint Pierre lui-même, chercha à les visiter, mais ne pu aller plus loin que Novalaise ? Toujours est-il que l'église construite en ce lieu lui fut dédiée.
Il en reste aujourd'hui le clocher et l'abside du X° siècle, protégée par d'immenses portes ; l'émotion est forte lorsque l'on y pénètre et que, s'habituant à la pénombre, l'on découvre les restes de fresques représentant les apôtres.

Avrieux

Le Père Alexandre Tourt, curé d'Avrieux, raconte volontiers, comment il a fait restaurer son église "par petits paquets" à l'école des contrebandiers qui passaient de petites quantités de marchandises à la fois, pour ne pas se faire remarquer des gabelous. Son ouvrage, "Curiosités artistiques et historiques du secteur de la Norma", invite à venir admirer les richesses des églises d'Avrieux, Le Bourget, Villarodin, et les très nombreuses chapelles qui les entourent.
Situé sur la rive droite de l'Arc, le village d'Avrieux se distingue d'abord par l'extraordinaire enchevêtrement de ses toits. Il eut l'honneur de recevoir le malheureux roi Charles-le-Chauve, qui s'y arrêta pour mourir en 877. Atteint de fièvre, le roi n'eut que le temps de revoir un instant son épouse qui vint en hâte de Saint-Jean-de-Maurienne, où elle l'attendait, recevoir son dernier soupir. On tenta d'embaumer le corps du roi à l'aide d'arômates et de parfums. L'opération échoua, et c'est dans un tonneau enduit de poix et recouvert de peaux qu'on commença le transport en direction de Saint-Denis. Mais l'odeur dégagée était si épouvantable que le tonneau royal fut déposé au monastère de Nantua. Charles-le-Chauve sera transféré à Saint-Denis sept ans plus tard.

Autre particularité d'Avrieux, son église, dédiée à Saint Thomas Becket, archevêque de Cantorbéry assassiné en

Eglise Saint Thomas Becket

d'Avrieux

Eglise Saint Thomas Becket d'Avrieux

1171, et patron de la paroisse depuis 1214. Une tradition, plus ou moins certaine laisse à penser que certains partisans du saint archevêque fuyant l'Angleterre, se seraient fixés en Haute-Maurienne où l'on retrouve encore des "Anglais", ou "Angleys".
Des panneaux en bois sculpté, datant du XVIIème siècle retracent la vie et le martyre de Thomas Becket dans un retable de toute beauté.
Les statues en bois polychrome et doré de Sainte Catherine et Saint Ours, le devant d'autel travaillé en cuir de Cordoue, font de cette église l'une des plus belles représentations de l'art baroque mauriennais. L'abbé Joseph Damé, (1680-1722), peintre de talent, a laissé un ensemble de fresques remarquables ; celles qui recouvrent les murs extérieurs de l'église, reprennent le thème des vices et des vertus que l'on retrouve partout dans les Alpes. On lui doit également une impressionnante danse macabre, ainsi qu'une grande fresque de l'histoire de l'église. Il est également l'illustrateur d'un catéchisme en couleurs, de trente pages, sur la vie du Christ, que l'on pouvait encore voir jusque dans les années 50. Reste, au-dessus de la porte de l'église, ce poème sur l'éternité :

"...Qui peut comprendre l'Eternité ?...
Je pense mille ans.
Je pense cent fois mille ans
Et cent millions de fois mille années.
Autant de millions et milliers
Qu'il y a de brins d'herbe sur terre
Et de grains de sable,
De gouttes d'eau dans la mer
Et je n'ai pas commencé de dire
Ce que c'est l'Eternité
Qui fait autre chose que son salut n'a rien fait,
Qui n'a rien fait mais a fait son salut a tout fait".

Dans la crypte, elle aussi décorée par l'abbé Damé, on déposait, l'hiver, les morts que l'on ne pouvait enterrer dans la terre gelée.
Les fresques peintes sur les murs, représentent les apparitions du Seigneur après sa résurrection, et sont accompagnées de ces quatrains qui témoignent de la foi dans le triomphe du Christ.

"Je vous donne la joye, Grande Reine des Cieux
De ce que votre fils sur la croix attaché
Est sorti du tombeau puissant et glorieux
Après avoir vaincu le monde et le péché.

Durs et insensés pélerins
De ne pas croire la vérité
Ce mort : qui fait le bruit de la triste cité,
Vit : étant avec vous des plus proches voisins

Vous me cherchez, Ô Saintes Femmes !
Dans un lieu où je ne suis pas
Envoyez vers mes frères vos voix avec vos flammes
Et dites, il n'est plus esclave du trépas."

Nous l'avons déjà vu et dit, la Maurienne toute entière est un pays profondément chrétien. Jusque dans les années 60, la foi des ancêtres se transmettait sans changement, avec la même intensité, qu'aux premiers siècles de la christianisation.

Le christianime pénètre en Maurienne par l'Italie ; elle est tout de suite rattachée au diocèse de Turin, dont le premier évêché date du Vème siècle.
De part sa proximité avec l'Italie, la Maurienne bénéficia directement du renouveau spirituel et artistique de la Contre-Réforme. Il faut d'abord se souvenir qu'au sortir des années 1650, le pays émerge péniblement d'une sombre période de guerres incessantes, de famines et de pestes. Celle de 1629 à 1630, fit en Maurienne 3 403 morts. Un nouvel essor démographique et économique s'amorce grâce au trafic de marchandises qui traverse sans cesse la région. La Maurienne produit et exporte du bois, du bétail, du fromage. Les communautés montagnardes seront favorisées dans leur expansion par une situation agricole de meilleure qualité que celle de leurs sœurs du fond de la vallée. Ce sont d'ailleurs, ces communautés de montagne qui feront construire sur leur sol, des dizaines

d'églises, des centaines de chapelles.

Le protestantisme possédait de solides bastions à Genève et dans le Chablais. Le Concile de Trente en réaffirmant fermement les positions catholiques ouvrait la porte à un renouveau de la foi et de l'expression artistique religieuse. L'art baroque ne se contente pas d'être un art, il est aussi une théologie en images, une théologie voulue et dictée par Rome. L'influence extraordinaire de saint François de Sales, et les efforts des évêques de Maurienne, donnèrent le ferment nécessaire à la floraison artistique de nouvelles églises.

Le paysan de Maurienne était traditionnellement profondément religieux. Qu'il nous soit permis de penser que la beauté de la création pouvait donner à ces âmes simples, un envol vers les mystères de l'au-delà. Et où mieux que dans sa foi de tous les jours pouvait-on trouver refuge et protection contre les innombrables calamités qui frappaient aveuglément les hommes ?

Si le protestantisme avait réduit à néant le culte de la Vierge, Rome va l'exalter en lui donnant une place prépondérante. Chaque paroisse avait sa confrérie du Rosaire, chaque église avait un autel qui lui était particulièrement réservé. Les retables de bois sculpté qui ornent ces autels, sont autant de glorifications poétiques de la Vierge protectrice. La Réforme niait en bloc la primauté de Saint-Pierre, la prière pour les âmes du purgatoire, l'intercession des saints. Toute l'architecture et la décoration des églises baroques va conduire le fidèle à approfondir les fondements de sa foi catholique. Ainsi que l'exprime si bien Lucien Chavoutier dans son travail sur "L'art Baroque en Savoie" : "De sa place dans la nef, le fidèle voit la voûte et le retable du chœur où passent les anges sculptés en plein mouvement ; où la Vierge couronnée et les saints semblent venir à lui pour bien le convaincre de leur existence et de leur efficacité, au lieu de demeurer immobiles dans leur garde de pierre comme aux porches gothiques ; où l'Eglise militante des rudes terres des Alpes découvre sa communion avec l'église triomphante.

Même la nature, mais idéalisée, se trouve mêlée au mystère comme elle l'est à l'existence de cette société pastorale : partout des fleurs, des fruits, des plantes, des oiseaux, des treilles... L'univers devient gracieux, vivant et familier. En contemplant ces œuvres, le Savoyard d'autrefois entrevoyait le terme et oubliait que sa vie n'était qu'une dure traversée. Il exprimait ses aspirations surhumaines. Et son âme souvent meurtrie dans des conditions de vie difficiles, sortait allégée de cette vision céleste, car elle n'affrontait nul orgueil dominateur dans la croix de Jésus, nulle puissance pharaonique dans le Père Eternel à longue barbe ; pas davantage que dans la vie quotidienne, elle ne contemplait ni clergé despotique, ni peuple asservi, mais la joie d'un salut heureux dans la compagnie des saints, d'un havre de communion, de lumière et de paix, auquel les anges joufflus et "pétant de santé", tels bambins insouciants, conféraient même un caractère bon enfant..."

Si pour leurs propres maisons les Mauriennais se contentaient de peu, rien n'était assez beau pour orner la maison de Dieu. Les villageois participaient à la décoration de leur église en dons et en nature. Les artisans du pays prêtaient main-forte aux artistes qui étaient logés sur place. Le "prix-fait", s'entendait entre l'artiste et ses commanditaires, ainsi que le délai prévu pour la réalisation de l'ouvrage.

L'influence des artistes italiens sur la sculpture mauriennoise est évidente, mais elle n'explique pas toute l'originalité de certaines réalisations. Il ne s'agit plus là d'une simple confluence d'idées et de savoirs, et l'on se trouve, à l'évidence, devant une originalité propre à cette culture montagnarde.

Le paysan mauriennais aimait travailler le bois dont il se servait dans sa vie quotidienne ; un don particulier lui fut donné pour élever l'artisanat au rang de l'art. Des dynasties d'artistes sculpteurs, comme les Clappier et les Fodéré de Bessans, ont laissé des œuvres dont la force traverse les siècles.

Forts de l'Essaillon

Monument aux Morts de Termignon

Cet art se singularise par le mélange d'une très grande technique, et d'une intense personnalisation villageoise. Les visages des saints sont ceux des voisins du village. Les saintes femmes, Sainte Anne, la Vierge, sont les mères et les filles du pays. Chacun peut, en contemplant les habitants du ciel, retrouver les traits, les particularités physiques de son entourage.

Aussois

De la route qui monte vers Aussois, on peut entendre parfois, un bruit étrange, un sifflement strident, qui finit par emplir toute la vallée. C'est la soufflerie de l'ONERA qui se met en route. Cette "machine à faire du vent", est une gigantesque tuyauterie qui ressemble à un Beaubourg couché sur le sol de la Maurienne. Non loin d'énormes sphères métalliques, se devinent des maquettes d'avions qui ont été testées sous des vents pouvant aller jusqu'à 14 000 kilomètres à l'heure.

Passé la cascade Saint Benoît, une série de forts s'échelonne sur le verrou glaciaire de l'Esseillon, de la citadelle Marie-Christine, à la redoute Marie-Thérèse au fond de la vallée.
Les conquêtes napoléoniennes avaient coûté 15 ans d'occupation française au royaume du Piémont, et laissé de bien mauvais souvenirs. Aussi lorsque après la défaite de Napoléon, l'Europe se reforma sous les directives du Congrès de Vienne, le Roi Victor-Emmanuel Ier s'empressa de faire construire une barrière infranchissable sur cette position stratégique. La France vaincue dut supporter les frais de cet énorme chantier qui dura 13 ans. Lorsqu'en 1860, la Savoie décida son rattachement à la France, Victor-Emmanuel II souhaitait que la frontière suive le tracé du fort de l'Esseillon. Mais Napoléon III qui désirait garder la Haute-Maurienne, obtint gain de cause, à la condition de s'engager à détruire les forts. Durant trois jours le commandant du génie de Chambéry s'attaqua au fort Charles-Félix, et les travaux de démolition n'eurent pas de suite. Aujourd'hui l'Association des forts de l'Esseillon a entrepris la réhabilitation de ces monuments qui sont l'un des maillons importants de l'histoire du pays.

Le site d'Aussois est en lui-même très spectaculaire ; le village est construit sur un plateau ensoleillé, au pied de la Vanoise. Il suffit de monter jusqu'aux barrages qui le surplombent pour être déjà en compagnie des bouquetins qui aiment à venir brouter dans le secteur. Aussois est un point de départ idéal pour de nombreuses promenades, randonnées ou ascensions.
Une curieuse coutume y était encore pratiquée voici quelques décennies. "L'aumône du sel", qui était chaque année distribuée par la famille au plus déshérités, et l'aumône privée que chaque famille endeuillée distribuait aux voisins venus présenter leurs condoléances. Le sel était chose rare et pour le conserver on le mettait dans des boîtes en bois qui avait quelquefois l'apparence d'une poule dont le dos pivotant permettait d'accéder au précieux condiment.

Les sapeurs-pompiers d'Aussois, leurs grandes barbes et leurs tabliers blancs, font partie intégrante du folklore local et de la Haute-Maurienne en général. Il n'est pas inutile de rappeler leur histoire et leur origine. Sous le gouvernement sarde, chaque commune avait sa garde nationale, composée de volontaires qui entretenaient à leurs frais, armes et uniformes de leur convenance. En 1860, la pompe à incendie d'Aussois fut confiée à la Garde Nationale de la commune. Une plaquette éditée pour le centenaire de la Compagnie, en explique l'histoire. "La commune ayant fait l'acquisition d'une pompe, et en ayant donné la garde et l'entretien à la Compagnie, les membres composant celle-ci décidèrent de s'équiper identiquement selon le système sarde (la plaque en écaille des épaulettes en témoigne encore aujourd'hui). Les gardes s'habillèrent donc à leurs frais, tunique et pantalon de drap noir, avec bandes et parements en drap garance (rouge) avec képi rouge. Un certain nombre d'entre eux dont les parents avaient suivi le grand empereur et avaient ainsi ramené de leurs campagnes leur uniforme, peut-être aussi des trophées de guerre, pour agrémenter la parade mentionnée plus haut, formèrent la section des sapeurs

Vallée de l'Arc à Sollières

Vallée de l'Arc en crue

que nous voyons encore évoluer de nos jours, les attributs ayant été transmis de père en fils et conservés avec un soin particulier. Ceci est d'autant plus plausible que l'un d'eux surnommé l'Officier a reçu des mains de l'empereur Napoléon Ier la Croix de la Légion d'Honneur, conservée par ses arrières neveux... L'annexion venue, la Garde Nationale fut dissipée et ses membres prirent le nom de Sapeurs-Pompiers".

L'église d'Aussois possède une belle "poutre de gloire", du XVIIème siècle, qui présente la Vierge et Saint Jean l'Evangéliste entourant le Christ en croix. Une autre croix est dressée à la sortie du village ; il s'agit d'une de ces fameuses croix du coq, comme il en existe dans le Queyras. Ces croix qui paraissent spécifiques aux communautés montagnardes portent les instruments de la Passion et sont un véritable catéchisme dont tous les chrétiens connaissaient la signification.

Vers Sardières et Termignon

En descendant vers Sardières, on passe au pied d'un curieux monolythe, aiguille de pierre d'une centaine de mètres qui n'a été vaincue que vers 1960.
L'église du village de Termignon est un magnifique témoignage de l'art baroque. Sur la place, entourée d'arbres, "la Pleureuse" domine le monument aux morts. C'est une femme, en costume du pays, qui pleure les enfants de Termignon, tombés à la guerre.
A la sortie du village une route mène à travers les alpages jusqu'à Bellecombe ; à partir de là, il faut marcher pour atteindre le refuge de Plan du Lac, porte de la Vanoise.

Le Parc de la Vanoise

Nul mieux que l'écrivain montagnard Samivel n'a su exprimer les grandes valeurs défendues par le parc de la Vanoise ; Voici la règle d'or du parc qu'il a composée, avec toute sa connaissance et tout son amour de la nature et des animaux.

"Le Parc National protège contre l'ignorance et le vandalisme des biens et des beautés qui appartiennent à tous.

Les défenseurs de la vie sont les amis du parc national, les amis du progrès et de la paix sont les amis du parc national, les sportifs, les artistes et les savants sont les amis du parc national.

Voici l'espace, voici l'air pur,
voici le silence, le royaume des aurores intacts et des bêtes naïves.
Tout ce qui vous manque dans les villes est ici préservé pour votre joie.

Eaux libres : hommes libres ici commence le pays de la liberté, la liberté de bien se conduire.

Les inconscients ne respectent pas la nature, ils croient se grandir en la polluant et ne savent même pas qu'elle se venge. Puisez dans le trésor des hauteurs mais qu'il brille après vous pour les autres.

La faiblesse a peur des grands espaces.
La sottise a peur du silence.
Ouvrez vos yeux et vos oreilles. Fermez vos transistors.

Pas de bruit. Pas de cris. Pas de moteurs. Pas de klaxons. Ecoutez les musiques de la montagne.

Les vraies merveilles ne coûtent pas un centime, la marche nettoie la cervelle et rend gais, enterrez vos soucis et vos boîtes de conserve.

Un visiteur intelligent ne laisse aucune trace de son passage ni inscriptions, ni destructions, ni désordres, ni déchets. Les papiers gras sont les cartes de visite des mufles.

Récoltez de beaux souvenirs mais ne cueillez pas les fleurs, n'arrachez surtout pas les plantes : il pousserait des pierres, il faut beaucoup de brins d'herbe pour tisser un homme.

Le Plan du Lac au-dessus de Termignon en Vanoise

Vers le Plan du Lac

Effets au soleil couchant en Vanoise

Hameau de la Chavière en Vanoise, au-dessus de Termignon

Ravageur de forêts : mauvais citoyen qui détruit le nid, vide le ciel, rend la terre stérile ennemi des bêtes : ennemi de la vie : ennemi de l'avenir.

Oiseaux, marmottes, hermines, chamois, bouquetins, et tout le petit peuple de poil et de plume ont désormais besoin de votre amitié pour survivre. Déclarez la paix aux animaux timides, ne les troublez pas dans leurs affaires afin que les printemps futurs réjouissent encore vos enfants.

Défense ici de chasser, sauf aux images. Et c'est aussi votre héritage personnel, acceptez consciemment, de bon cœur, ses disciplines et gardez-le vous-même contre le vandalisme et l'ignorance."

Vanoise - Haute-Maurienne

Le Parc de la Vanoise englobe six villages de Haute-Maurienne, et trouve son point culminant au sommet de la Grande Casse à 3 852 mètres d'altitude.
Créé en 1963, il occupe les régions élevées du territoire de 20 communes, et sa zone périphérique s'étend sur 27 communes. Il ne comprend pas moins de 8 500 hectares de glaciers, et certains de ses paysages n'ont rien à envier aux régions polaires.
Premier né des parcs nationaux français, le Parc de la Vanoise était dans un premier temps destiné à former un terrain de chasse réservé. L'importance des espèces animales et la diversité de la flore à protéger, conduisirent rapidement ses créateurs à entreprendre une œuvre de beaucoup plus grande envergure. D'une superficie totale de 52 839 hectares, il longe sur quatorze kilomètres, le parc national italien du Grand Paradis. 120 000 hectares sont ainsi mis à la disposition des animaux et de la nature sauvage.
Chaque commune incluse dans le parc, a vu sauvegarder son territoire de chasse délimité, et a pu entreprendre des réalisations touristiques d'été ou d'hiver, qui ont favorisé leur expansion économique.

Le nom de Vanoise, s'appliquait autrefois à la calotte glaciaire qui allait du Col de la Vanoise au Col d'Aussois. Par extension, les géographes ont donné ce nom à l'ensemble du massif interne, entre l'Arc et l'Isère.

Les bouquetins sont les rois incontestés du Parc. Ils faillirent pourtant bien disparaître à tout jamais des montagnes de Maurienne et de Tarentaise. Chassés à l'excès, ils étaient de surcroît victimes d'une légende qui faisait force depuis le Moyen-Age.
"Au Moyen-Age, et longtemps après, quiconque pouvait porter sur sa chair l'os en forme de croix extrait du cœur du bouquetin, était préservé de mort violente. Alors, plus que la viande de l'animal, cet "os", qui est en fait le cartilage joignant les oreillettes et les ventricules et qui découpé adroitement et séché prend l'allure d'une croix et la dureté d'un os, fut recherché et acheté fort cher. Et nous n'aurions plus eu de bouquetins en Maurienne ou en haute Tarentaise."
(La Vanoise ; Roger Frison-Roche, Pierre Tairraz).

Voici plus de cent ans que le Roi Victor-Emmanuel, à la fois chasseur et intelligent protecteur de la nature a pris conscience du danger de disparition des bouquetins et commencé leur sauvegarde en créant le Parc du Grand Paradis.

Hormis les bouquetins, de nombreux chamois vivent dans le parc, en hardes méfiantes et vite disparues devant le touriste trop bruyant.
Chez les oiseaux, la première place revient à l'aigle royal, espèce encore rare, mais que l'on peut encore voir, tournoyant majestueusement dans le ciel. Le lagopède, appelé aussi perdrix blanche en raison de son plumage hivernal, le tétra-lyre, magnifique petit coq de bruyère, aux amours bruyantes et guerrières ont été sauvés d'une disparition probable. Dès l'Antiquité, Pline décrit la faune alpine en parlant du rat des Alpes, la marmotte ; l'imaginaire s'empare vite de ces animaux extraordinaires qui défient les lois naturelles de l'équilibre ; chamois, bouquetins capables de s'élever jusqu'aux sommets des plus vertigineuses vires, ne sont plus des créatures normales, mais des êtres magiques, doués de pouvoirs extraordinaires.

Bouquetins, marmottes et gentianes dans le Parc de la Vanoise

Les lièvres blancs des Alpes, sont blancs parce qu'ils mangent de la neige. Et toute chose dans ce monde étrange et hostile, ne fonctionne que par des phénomènes magiques. La flore alpine dument protégée, elle aussi, rassemble sur le territoire du parc, des fleurs rares ou plus courantes.
Le Parc de la Vanoise est un immense terrain d'aventure : des vallées montagnardes où se nichent les chalets d'alpages, aux lacs d'un bleu profond ; des refuges perdus aux sommets enneigés, toute une nature encore vierge est proposée au visiteur dont on attend, en échange, discrétion et respect.

Les marrons de Lanslebourg

Lanslebourg, aujourd'hui associé à Lanslevillard, pour former la station de Val-Cenis, a été peut-être la ville de Savoie la plus citée dans les récits des anciens voyageurs. Lanslebourg était l'étape obligatoire pour qui voulait passer par le col du Mont-Cenis, et ses habitants faisaient office d'aubergistes ou de passeurs. Ses hommes habitués à pratiquer leur montagne par tous les temps, vêtus de lainages bruns qui leurs valaient le surnom de "marrons", descendaient les malheureux voyageurs, sur des traîneaux de fortune, d'un côté et d'autre du Mont-Cenis.

Ce passage du col du Mont-Cenis était une aventure bien redoutable, et il ne fallait pas moins pour l'affronter que l'aide de ces célèbres "marrons", que Rabelais signalait déjà, en compagnie de "Gryphons", qui "sont sur les montagnes de Savoye, Dauphiné et Hyperborée."

Nous l'avons déjà vu dans la présentation historique de la Maurienne, le Mont-Cenis, aura été franchi au cours des siècles, par des milliers de voyageurs, des tonnes de marchandises, et ce, dès les premiers temps de notre ère. La première mention des pâturages qui entourent le col est faite en 739, avec, "Alpes in Cinisio" ; le passage est lui-même noté comme "Monte Cinisio transacto" en 756.
Le chemin classique de traversée du Mont-Cenis, si l'on peut appeler chemin l'infâme piste, poussiéreuse l'été, boueuse l'automne, et redoutablement dangereuse l'hiver, fut tracé et imposé par les princes de Savoie, pour devenir au XIIIème siècle le "Chemin des Ducs".
La piété du Moyen-Age jalonna cette route de chapelles, de croix, d'oratoires. Il revenait aux villageois des abords immédiats de la piste, de l'entretenir, de la déblayer, et de porter aide et assistance aux voyageurs en danger ; ils étaient en contre-partie, dégagés de tout impôt.
Malgré le secours qui leur était porté, hommes, femmes et bêtes sortaient brisés, effrayés de l'aventure ; Le récit de l'incroyable épopée d'Henri IV, empereur des Allemagnes, qui en décembre 1077, dû franchir le Mont-Cenis avec sa cour pour implorer la clémence du pape, qui l'avait excommunié un an plus tôt, nous est retracé grâce à la plume de Lambert de Hersfeld...

"L'hiver était très rigoureux, il fallait traverser des montagnes dont les sommets touchaient presque les nuages ; elles étaient couvertes d'une masse de neige durcie par un froid glacial sur laquelle ni cavalier ni piéton ne pouvait s'aventurer sans glisser et être en grand péril de tomber. Mais l'anniversaire du jour où l'empereur avait été excommunié approchait et ne permettait aucun retard... Aussi emmena-t-il avec lui, moyennant salaire, quelques habitants ayant l'expérience des précipices et des neiges pour aplanir la route à lui et à sa suite par tous les moyens possibles. Après être arrivés avec l'aide de ces marrons, non sans de grandes difficultés au sommet du col, il semblait qu'il n'y eut plus moyen d'avancer parce que la pente était si forte et rendue glissante par le froid glacial que toute descente paraissait impossible. Là, les hommes mettant toute leur énergie à vaincre le danger, tantôt rampant sur les pieds ou sur les mains, tantôt appuyés sur les épaules de leur guide, parfois tombant sur un endroit glissant et roulant plus loin, parvinrent enfin à la plaine non sans peine et sans danger de mort. La reine ainsi que les femmes de sa suite, enfermées dans des peaux de bœufs, furent tirées jusqu'en bas par les marrons. Quant aux chevaux, les uns furent traînés par des machines, les autres furent attachés par les pieds ; beaucoup pendant cette descente succombèrent, d'autres furent estropiés, peu en vérité purent échapper sains et saufs."

Au XVIème siècle même description horrifiée d'un bourgeois de Douai, Le Saige, qui au retour de Rome, se trouva embarqué dans cette galère.

— "Le 23 novembre (1518) — nous vinmes à Suze, et là achetâmes tous des moufles et quelques-uns des chaussons, à cause que nous approchions des montagnes terribles, et après, vinmes au gîte cedit jour à Nouvel Aize, qui est au pied du Mont-Cenis, et y dépensai 13 gros, 4 deniers.

"Le 24 de novembre, bien matin, nous prîmes chacun un mulet ou une forte jument pour monter ledit Mont-Cenis et fimes monter nos chevaux par quelques garçons ; dont ils eurent et nous aussi de la peine, car il neigeait fort et ne pouvait-on aller s'il n'y avait quelqu'un qui fit la voie, et me coûta pour mon mulet et pour mener mon dit cheval jusqu'à un logis tant amont et aussi pour un marron à me tenir aux mauvais lieux, 20 gros.

"Nous venus à la dite maison, trouvâmes un cardinal qui allait à Rome, et avait bien cent ou cent vingt chevaux de son train. C'était une pitié de les voir car la neige était gelée contre leurs yeux et ne voyaient quasi goutte. Les hommes avaient des bésicles de verre, ceux qui n'en avaient pas avaient coupé leurs bonnets et leurs coiffures comme un masque, qui était bien étrange à voir. Nous qui étions environ seize, si nous les avions trouvé demi-lieue plus deçà ou plus delà, je crois que un de nous fut demeuré mort de froid. Car c'est la manière comme j'ai écrit à l'aller, que la compagnie se tire de côté pour faire passer la grande, car il vaut mieux perdre vingt hommes que cent — Alors les chevaux sont jusqu'à la panse dans la neige".

Sur le haut du col, se trouve une chapelle nommée des "Transis". Le Saige explique sa présence ainsi ; "à cause qu'il en meurt tant en hiver ; et quand ils sont trouvés morts, on les rue par une fenêtre dans ladite chapelle : c'est le fossé qu'ils ont".

Le malheureux Le Saige n'était pas au bout de ses frayeurs. "Quand le cardinal fut tout passé, j'étais descendu de mon mulet, et je pris le cheval par la bride, pensant le mener tout bellement pour le réchauffer. Mais il faisait si grand vent et de telle sorte qu'il semblait que tout dût finir ; et me crevait la neige, les yeux, et je ne savais me tenir — et je me laissais choir par derrière, et encore le vent m'emportait-il, car j'étais sur un lieu si raide que je crois que Dieu m'aida fort, et dans cette peur vint en courant un ramasseur qui me cria que je m'arrête, si je ne voulais pas mourir, et besoin de me faire ramasser — Mais voyant que je n'en pouvais plus, et aussi que mon cheval tremblait de froid, je l'abandonnai ainsi que deux sacoches dont l'une était de mon compagnon Jean du Bos, qu'il rapportait à sa femme, et où il y avait maintes belles bagues. Et il y avait aussi une besace où était mes chemises et autre chose. Mais loué soit Dieu, je ne perdis rien, car un autre homme accourut et mena mon dit cheval jusqu'en bas. Et ledit remasseur me fit asseoir sur sa ramasse qui n'est pas autre chose qu'un fagôt de genêts dont le gros bout est lié par une corde que tient le ramasseur et lui sert à tirer, et il a un bâton ferré avec lequel il s'appuie et il va si raide sur une pente que je culbutai en abandonnant ladite ramasse, car j'étais à moitié mort. Quand je fus arrivé au village de Lanslebourg, je ne savais si je voulais me chauffer ou panser mon cheval. Il était si chargé de neige gelée que je ne pouvais le monter. Aussi je me dévêtis, je le couvris et je le frottais fort, encore tremblait-il. Puis je m'en vint payer mon ramasseur, et cela me coûta, à cause que le temps était si terrible, 20 gros."

Comme on le voit cette fameuse ramasse n'était qu'un vulgaire balai sur lequel s'asseyait l'infortuné voyageur qui devait bien vite se croire emporté par quelques horribles sorcières.

Quelques années plus tard, en février 1643, l'Ambassadeur Rucellai et sa suite usent également de la ramasse et ma foi, s'en amuse fort. "C'était gracieux à voir ces trente ramasses qui dévalaient sans se heurter, en conservant leurs distances — les derniers partis voyaient déjà en bas ceux qui avaient commencé les premiers. Comme on était arrivé de bonne heure à Lanslebourg, quelques uns, pour jouir du beau temps, voulurent de nouveau descendre en ramasse : ils prirent des mulets, montèrent en moins de deux heures, et un demi-quart

Environs de Lanslebourg

Environs de Lanslebourg

Vers le Lac du Mont Cenis

Le Lac du Mont Cenis

d'heure après revenaient au point de départ". Au XIIIème siècle, un Anglais se fit "ramasser", huit jours durant. Les sports d'hiver pointaient leur nez.

Très vite, le vulgaire balai va se perfectionner, et devenir presque confortable pour ressembler à "des sortes de petites chaises basses en bois, fixées sur deux brancards qui à l'avant s'élèvent en pointes à la manière d'un traîneau, et sont munies de deux bâtons que le marron tient à la main pour conduire, tantôt sur l'un tantôt sur l'autre pour retenir ou faire tourner la ramasse. Si le voyageur préfère descendre à toute vitesse, il fait asseoir le marron à ses pieds. La ramasse chemine dans un sentier enfoncé. Dans les grandes pentes pour mieux retenir l'élan, on se sert de chaînes munies de cinq ou six nœuds ou encore de couronnes de bois tortillées. Si on veut aller plus doucement, on fait mettre debout le marron qui peut, en glissant, même sans bouger les pieds, retenir à son gré. La route est vertigineuse et vraiment éprouvante au début, avec des tournants sur l'arête de profonds précipices, mais prenant peu à peu de l'assurance, nous prenions un plaisir extrême, surtout que ce dernier jour de Carnaval était splendide, avec un beau soleil".

Malgré les grandes améliorations apportées au transport des voyageurs, le passage du Mont-Cenis restait une véritable épreuve. Il fallait démonter les voitures en pièces détachées, et les transporter à dos de mulets, ce qui procurait un bénéfice financier réel pour les habitants des hameaux voisins.
"Une grande berline anglaise, dont on demandait d'abord dix louis, fut passée pour trois louis et demi. Pour l'ordinaire, on est obligé de démonter entièrement les voitures. Mais il est aussi des saisons où le chemin n'est pas trop raide, et à force de bras dans les autres, le corps de la voiture est porté comme une litière entre deux mulets."

Estella Canziani explique le curieux surnom de l'église de Termignon, "Notre-Dame du poivre".
"Un automne, quelques habitants de Termignon revenaient du Piémont avec leurs mulets chargés d'épices, marchandises rares et chères en ce temps. Ils furent surpris au Cenis par une tempête terrible. Aveuglés et alourdis par la neige, les mulets refusèrent d'avancer malgré tous les encouragements des paysans. Eloignés de l'hospice, et de tout secours, ils se voyaient en danger de périr de faim et de froid. En ce temps on construisait la chapelle de la Visitation, sur la route de la Vanoise, non loin de Termignon, à la place même d'un ancien oratoire qui portait le même nom et où les habitants de Termignon se rendaient souvent en pèlerinage. Les muletiers invoquèrent la protection de la Vierge et firent voeu de lui consacrer le produit de la vente de leurs marchandises. Leur prière fut exaucée : la fureur de la tempête diminua et ils atteignirent l'hospice, où on les réconforta. Ils purent dès le lendemain descendre à Termignon et tinrent fidèlement leur vœu. Depuis, la chapelle a été connue sous ce nom de Chapelle du Poivre. Les sommes réalisées furent si grandes que la décoration intérieure de la chapelle excite l'admiration de tous ceux qui la visitent. A droite, pendu au mur, on voit un ex-voto qui représente les mulets et les hommes au milieu de la tempête, pendant qu'au-dessus d'eux veillent la Vierge et l'Enfant Jésus."

Les voyageurs qui descendaient ainsi sur Lanslebourg, étaient fort heureux de pouvoir y trouver une auberge.
Le cavalier Marin, bel esprit de la cour de Turin et amateur de jeux de mots est peu satisfait du repas qui lui est servi. "Inutile de parler du souper. On me donna trois œufs qui, sans la hâte du marmiton prudent à les cuire, auraient assurément, avant peu, donné au jour trois basilics. On me servit aussi un petit vin si délicat et si limpide qu'on aurait pu le boire dans un tamis ou un panier sans en perdre une goutte."
Par contre, en 1643, Son Excellence l'Ambassadeur de Toscane garde le souvenir d'avoir été "très bien traité de truites et autres agréments."
Il s'agit probablement des fameuses truites du Mont-Cenis que Montaigne lui-même sut apprécier, après avoir effectuer la descente en "ramasse", qu'il qualifiera de "plaisant badinage". Partout disait-il, "il y a truites et vins vieux et nouveaux excellents."

Fresques de la Chapelle Saint Sébastien à Lanslevillard

Il fallut attendre le désir de Napoléon, et sa volonté d'ouvrir une voie carrossable sur ce point stratégique, pour que la route du Mont-Cenis puisse mériter ce nom. L'empereur voulait une route où, disait-il, "je veux qu'une femme puisse passer le Mont-Cenis sans être effrayée." Mais ce même galant homme était également fort préoccupé par la guerre, puisqu'il ne cessait de s'inquiéter du passage possible de ses canons par ses nouvelles voies.
Le nouvel hospice du Mont-Cenis, bâti sur son ordre eu pour fonction d'abriter et de secourir les voyageurs. Le bâtiment sera progressivement abandonné pour être détruit en 1945.
Les lourdes diligences pouvaient transiter, de Lyon à Turin, tirées dans les passages difficiles par des convois de douze ou quatorze mules.

Le Lac du Mont-Cenis

Grâce aux travaux routiers de Napoléon, l'arrivée au col du Mont-Cenis se fait aujourd'hui sans aucune peine, à 2 083 mètres d'altitude. De l'hospice fondé en 825, il ne reste que le souvenir, car il a été noyé en 1968 lors de l'agrandissement du lac pour la construction d'un nouveau barrage.
La fondation de cet hospice revient à Louis le Débonnaire, fils de Charlemagne, qui fit le vœu de "fonder sur cette montagne un hospice en l'honneur de Dieu, de Notre-Seigneur Jésus-Christ, et de la bienheureuse Vierge Marie et à le doter de ressources suffisantes pour l'entretien des pèlerins qui affluaient chaque jour."
D'une richesse exceptionnelle, la flore alpine de la région attire les botanistes, notamment aux alentours du Fort de Ronce. On y trouve d'ailleurs une espèce particulière, la campanule du Mont-Cenis.

Lanslevillard et Bessans

Bien que séparés par le col de la Madeleine, au paysage parsemé de blocs erratiques, les deux villages ont en commun de posséder des églises remarquables pour leur décoration murale.

Au pied du Mont-Cenis, s'élève tout d'abord la chapelle de Saint Sébastien de Lanslevillard ; d'apparence extérieure modeste, elle est située près de l'église du village, et il faut en demander la clef au presbytère pour pouvoir y pénétrer.
On ne peut être que saisi d'admiration à la vue de ces peintures à la détrempe, pour la richesse de leur programme, la qualité de leur réalisation, et l'état de conservation remarquable, malgré des conditions extrêmement rudes.
Elles ont pour thème le cycle de la vie et du martyre de Saint Sébastien, ainsi que la vie du Christ. Les couleurs sont d'une fraîcheur étonnante et la qualité de la peinture surprendra tout amateur d'art qui aura le courage de s'enfoncer dans cette vallée lointaine, car elles valent à elles seules, le voyage.
C'est à Sébastien Turbil, habitant de Lanslevillard, que l'on doit cette chapelle élevée en remerciement d'avoir été préservé de la peste par son saint patron, invoqué alors fréquemment à ce propos.
On sait par ailleurs que le "Mystère de Saint Sébastien" fut joué en mai 1567 par les habitants du village, entre la chapelle et l'église.

Ces peintures sont à rapprocher, en ce qui con-cerne le style, de celles de Notre-Dame des Fontaines à la Brigue, dans les Alpes du Sud, œuvre de Jean de Canavesio, ainsi que de celles que l'on pourra admirer à Bessans.

Bessans est sans doute plus célèbre pour ses diables, pourtant récents, que pour les peintures et sculptures que l'on peut admirer dans la chapelle Saint Antoine qui domine le village.
On trouve sur les murs extérieurs, les traditionnelles scènes des vices et des vertus, et l'intérieur présente en 42 tableaux peints vers la fin du XVème siècle, la vie et la passion du Christ. Comme à Lanslevillard, c'est aussi toute une civilisation traditionnelle qui se met à revivre sous nos yeux ; car les artistes ont "réactualisé" les événements dépeints en revêtant les acteurs du drame sacré de cos-

Bessans

Chapelle Saint Antoine à Bessans

Chapelle Saint Antoine et Crucifix à Bessans

Nature morte, poules à sel, diable et autres objets en bois de Bessans

tumes d'époque, c'est-à-dire Renaissance, et même un peu antérieurs faisant peut-être ainsi mieux comprendre la dimension a-temporelle de l'histoire du Salut.
Toute une collection de sculptures religieuses est aussi conservée dans la chapelle ; on y trouve de nombreuses œuvres de la famille Clappier, sculpteurs de père en fils à partir du XVème siècle.
Ces générations d'artistes ont signé de nombreuses statues et retables baroques dans la vallée de Maurienne et parfois plus loin. Ces grandes familles de sculpteurs mauriennais sont célèbres et fréquentes. On peut citer les noms des Vincendet et Fodéré de Bessans, des Graviers de Lanslebourg.
Toujours dans la chapelle Saint Sébastien, on peut admirer une très étonnante descente de croix de Jean Clappier, bas-relief polychrome, d'où émane une profonde douceur due à l'expression des personnages, toujours fort juste dans cette école bessanaise, qui sait allier à une certaine naïveté, une technnique très sûre de la sculpture, et une grande finesse dans le traitement des images. On remarquera aussi la beauté du groupe formé par Sainte Anne, la Vierge et l'enfant Jésus, daté de 1643, thème déjà représenté dans l'église d'Avrieux.

Pour en venir au diable il est bien sûr présent sur les peintures murales tout d'abord, où il figure dans la scène de la tentation du Christ au désert. On le voit aussi, maîtrisé dans une sculpture représentant Saint Bernard de Menthon, l'immobilisant à l'aide de son étole. Mais ce n'est qu'au siècle dernier que le diable eu l'honneur de jouer le rôle principal, donnant ainsi à Bessans, une réputation légèrement sulfureuse. La Haute-Maurienne est-elle le pays du diable ? Pas plus qu'ailleurs, les légendes sur le sujet foisonnent et ont fait frissonner des générations de petits enfants. En fait, ce n'est que vers 1860 que remonte la tradition de sculpter des diables cornus et fourchus, menaçant de leur fourche un malheureux pécheur.
A cette époque, Etienne Vincendet conjuguait les fonctions de sculpteur et de sacristain. La coutume voulait que le curé offrit chaque année un repas aux chantres de l'église dont Vincendet faisait partie. Hors, un jour, le curé vint à manquer à son devoir. Vincendet s'en offensa, et pour punir son curé, le représenta, livré aux mains d'un démon grimaçant. Il alla déposer nuitamment son diable sur la fenêtre de son curé qui n'hésita pas à le retourner à son envoyeur, dont il avait sans peine découvert l'identité. Le diable de Bessans fit ainsi plusieurs allers-retours nocturnes, jusqu'à ce que Vincendet se lassant le premier le garda sur le bord de sa fenêtre. Un étranger de passage s'amusa de la chose et acheta le diable. Vincendet, bientôt surnommé Pierre des Diables, continua la production, suivi par son fils, et la tradition du diable de Bessans se continue toujours dans le village. Eugenie Goldstern, première ethnologue à s'être interessée à la vie bessanaise, le décrit ainsi: "Le diable de Bessans a généralement une hauteur de 35 centimètres et est peint en jaune clair ou en noir, avec des taches rouges en forme de langues qui doivent représenter les flammes de l'enfer. Du dos poussent deux grandes ailes dont les couleurs sont généralement différentes de celles du corps. L'horrible tête couverte de rides est encore plus affreuse par ses oreilles pointues, par sa gueule énorme largement entr'ouverte et des dents grinçantes et sa langue tirée. Dans une main le diable tient une fourche à deux dents, dans l'autre un candidat ou une candidate à l'enfer en costume local. En tirant sur deux ficelles qui sortent en bas, la queue et la main droite du diable peuvent être agitées.
"Les signes distinctifs particulier au diable de Bessans sont les deux paires de cornes. La première formée de crochets en fer, se trouve sur le front; l'autre en bois est pointue et pousse hors du crâne. Parfois il y a aussi en bas, une inscription "A moi les fénéants".

Bessans (et ses environs) n'avait pas attendu la querelle du sacristain et de son curé pour aimer travailler le bois, durant les si longues soirées d'hiver. Ce temps où tout travail extérieur est exclu, était le temps de la patiente sculpture d'objets quotidiens, magnifiés par le talent naturel des hommes.
Parmi les objets usuels fabriqués par les bessanais, les boîtes à sel se remarquent tout particulièrement. Ces récipients d'environ 40 centimètres de long, avaient la forme

d'une poule. Le couvercle de cette salière, admirablement sculpté, pivotait autour d'une cheville de bois. Sa place traditionnelle était au-dessus du foyer ou à côté de la cheminée. Eugénie Goldstern rapproche l'utilisation de ces très beaux objets pour la conservation du sel, à la fonction traditionnellement sacrée de ce condiment. "Il est indéniable que le sel joue un rôle important dans les cultes religieux. Déjà employé dans l'offrande du vieux Testament, le sel est considéré aussi dans le culte chrétien comme symbole de la sagesse, de la durée et de la pureté morale à cause de son action aromatique et conservatrice. La signification symbolique du sel est aussi à la base de son usage dans la liturgie.
On peut en conclure que le récipient à sel en forme d'oiseau dont les dernières traces commencent à disparaître aujourd'hui en Europe, provient des vestiges de ceux employés dans un but religieux, qui ont maintenant perdu leur signification primitive. Ils ont évolué au cours des temps jusqu'à leur fonction d'objet de la vie courante et font maintenant partie du mobilier."
Le travail sur bois de Bessans et des environs ne se limitait pas seulement aux diables et aux boîtes à sel. Rouets et quenouilles, objets de femmes, étaient artistiquement décorés. Bessans s'était fait une spécialité des petits bénitiers en bois qui se fixaient sur le devant du lit coffre. Les saints favoris, Saint Antoine de Padoue, Saint Jean-Baptiste, Saint Antoine le Grand, Saint Martin, Sainte Marguerite et Sainte Catherine et les apôtres, étaient parmi les plus représentés et les plus vénérés.
Plus tardivement les Bessanais exercèrent leurs talents en réalisant des jouets d'enfants qui avaient pour sujets les scènes de la vie quotidienne des paysans.

Bessans est aussi le pays des "Noëls". Dans ces chants en patois, mimés, et donnés en représentation aux villageois, les Bessanais retracent le grand mystère divin, qui bien sûr se déroule à Bessans. En voici un extrait tiré du livre de Daniel Dequier, "De Bouche à Oreille" (Les Savoisiennes Curandera 1988).

L'ange apparaît à Marie :

"Bonjour Marie pleine de grâce
Ne te romps plus la cervelle
Le Saint-Esprit tout à l'heure
Viendra comme un trait d'arbalète
Qu'il te donnera sur la tête
Et le mystère s'accomplira."

Quand vient le soir de la Nativité, Marie juchée sur son âne comme une Bessanaise est conduite par Joseph...
"Pour eux il n'y a point de porte ouverte
Ils sont contraints de faire retrait
En la grange du Carrelay
Notre-Dame en lisant ses heures
A accouché de Notre-Seigneur
Le bon Joseph ne sait que dire
S'il doit pleurer où s'il doit rire."

Les anges volent vers les villages pour réveiller les montagnards endormis.
"Gens qui êtes dans vos maisons
Tapis comme des marmottes
Sortez dehors et chose étrange
Sortez et vous verrez des anges
Qui donnent à tous le bonjour
Car cette nuit est né un fils
Hélas ! Mon Dieu la bonne mère
N'a rien que de pauvres chiffons
Pour envelopper le fils du Saint-Père
Qui a froid aux petits pieds."

Heureusement dans la grange il y a déjà deux grossières bêtes :
"L'âne et le bœuf près du poupon
Semblent d'innocente façon l'adorer en baissant la tête."

Mais bientôt arrivent tous les gens des alentours.
"Et les Bergamasques de la Lombardie
Et les Cardellins d'Avérole
Les Messieurs de la Petite Suze (Villaron)
Les bonnes gens de l'Ecot
Les autres viennent après qui chantent

Photo ci-dessus et pages 88, 89, 90, 91:
Bonneval sur Arc

"Vive Bonneval tout seul.
Chacun lui porte une offrande
Le vieux Perrot la polenta
Robin se charge d'un grand agneau
Bartholomé des tommes grasses
Son compère Georges de brebis
Et Jacquet un fromage vieux."

Devant la vierge et l'enfant c'est le moment de se mettre à genoux pour implorer le pardon de ses fautes et
"Prier pour le pauvre Bessans
Que la gelée et le mauvais vent
Ne jettent pas à la destruction
Le blé que nous avons dans les champs."

Ces vieux chants, si émouvants dans leur simplicité, nous transmettent encore la joie de vivre et la foi de ses montagnards, rudes mais à l'esprit vif et caustique.
Témoignage de foi également que cette croix du coq, plantée devant l'église de Bessans. Comme toutes les croix du même style, en bois polychrome et particulièrement bien conservée, elle présente tous les instruments de la Passion dans une succession de symboles que tout le monde connaissait.
Le coq du reniement de Saint Pierre
l'inscription : Jésus de Nazareth, Roi des Juifs
La couronne d'épines
La main du serviteur qui a donné un soufflet à Jésus
L'aiguière de Pilate qui se lave les mains
La lance qui a percé le cœur de Jésus
Le fouet de la flagellation
La coupe du jardin des Oliviers (symbole de la souffrance)
L'éponge avec laquelle on a donné à boire à Jésus
La lanterne (car Jésus a été arrêté de nuit)
Le marteau pour clouer Jésus
Les tenailles pour arracher les clous
L'épée de Saint Pierre qui a coupé l'oreille de Malchus
Le voile de Véronique et la Sainte Face de Jésus
Les tenailles pour arracher les clous
L'épée de Saint Pierre qui a coupé l'oreille de Malchus
Le voile de Véronique et la Sainte Face de Jésus
La tunique sans couture de Jésus
Les trois clous fixant Jésus à la croix
Les dés pour tirer au sort la tunique de Jésus
L'échelle pour descendre Jésus
Dans l'échelle : les trente deniers de Judas
La colonne de flagellation.

Vers les sources de l'Arc

"Et toi, Bessans, pénétré de la bise,
Et Bonneval, où l'arc sa source à prise
Vos habitants sont, aux froides saisons
De vents et neige assiégés es maisons :
Et leur famille ainsi emprisonnée,
Vit demi-an du pain d'une fournée
Contre le vent, ils usent pour châssis
De clairs glaçons es fenêtres assis"
Jacques Pelletier "La Savoie" (Annecy 1572).

Peu après Bessans, nous laissons sur la droite la vallée d'Avérole, qui sous la pointe de Charbonnel, mène au hameau de Vincendières. Le village vit toujours dans un paisible silence, rompu seulement par les sonnailles des troupeaux. Il faut, avant d'y parvenir, quitter ses chevaux vapeur pour cheminer à pied, et atteindre, au fond de la vallée le village d'Avérole, dans un des plus beaux cirques sauvages des Alpes.
C'est à pied, également, que se parcourt Bonneval sur Arc. Situé à 1 790 mètres d'altitude, il court encore le risque d'être isolé durant l'hiver. Village classé, bâti dans un site exceptionnel, au pied de l'Iseran, sa réputation touristique ne date pas des premiers tours de France, puisqu'au XIXème siècle ses guides étaient déjà célèbres. Ceux sont eux qui guidèrent les premiers alpinistes anglais vers les sommets de l'Albaron à 3 662 mètres, d'où l'on peut voir les montagnes du Tyrol, jusqu'aux trois becs de la Levanna, au-dessus du glacier des Sources de l'Arc, frontière avec l'Italie. Aujourd'hui, les randonneurs se pressent, hiver comme été, dans cette région , qui ouvre des sentiers pédestres ou skiables sur la Vanoise.

Le Vallon d'Ambin

Vallon de la Lenta

Bonneval mérite aussi d'être cité en exemple pour la mise en valeur de son patrimoine ; car ici, téléphone, télévision et réseaux électriques divers cheminent sous terre, prouvant ainsi que lorsque le souci esthétique passe le premier, la technique peut se soumettre à ses exigences. Il faut noter que dans notre monde actuel, c'est en général la règle inverse qui domine.

On peut ainsi se promener dans un décor hors du temps, mais cependant bien vivant ; entre les maisons de pierre aux toits de lauzes, où, sur les balcons de bois, sèchent encore les "grebons", ces briquettes confectionnées à partir de bouses de vaches ou de moutons, et qui servent de combustible pour l'hiver.

De Bonneval, la route monte vers le col de l'Iseran ; le village se réduit à un immense toit de pierres, d'où se détache la flèche du clocher de l'église, avec, pour toile de fond, les glaciers majestueux qui encerclent la vallée. On arrive bientôt au charmant vallon de la Lenta, alpage où les chalets se confondent avec le paysage ; mais attention aux marmottes sur le bord de la route ! On peut même parfois au printemps, peu après la réouverture du col, rencontrer quelques chamois, qui vous précèdent entre les congères, puis c'est le col, et la chapelle Notre-Dame de Toute-Prudence, œuvre moderne de l'architecte Novarina.

De Bonneval, on peut aussi remonter jusqu'aux sources de l'Arc. Pour cela, il faut d'abord s'arrêter à l'Ecot. Camouflé entre les pierres, ce hameau semble sorti d'une illustration pour contes de fées ; un petit torrent coule sous les lourdes pierres qui pavent les ruelles ; les maisons font alliance avec le rocher et même si certains toits s'écroulent, ils le font avec élégance sous le poids des vétustes lauzes qui les couvrent.

C'est près d'ici dit-on, que le moine Saint Landry fut précipité dans le torrent, qui roula son corps retrouvé intact jusqu'à Lanslevillard, où l'on vénère encore sa mémoire.
Voici son histoire racontée par Gabrielle Sentis, dans sa "Légende dorée de Savoie" (Didier-Richard 1986).
"Landry vint si souvent à l'Ecot que l'empreinte de son soulier clouté est restée sur une pierre du chemin. Mais les mécréants de Faudan le jetèrent dans l'Arc. Or voici qu'à Lanslevillard, la grosse cloche de l'église se mit à sonner toute seule, et la belle croix de procession s'avança sans aucun porteur. Tout le village suivit jusqu'au bord de l'Arc, où l'on trouva le corps du moine Landry, qui fut ensuite placé dans une châsse, pendant qu'un oratoire marquait le lieu de la rencontre. La Révolution ne manqua pas de briser le reliquaire, mais un Turbil, descendant probable du donateur des belles fresques sur Saint Sébastien, recueillit les ossements, réenchâssés en 1809, devant toute la Haute-Maurienne. Saint Landry est toujours vénéré dans ce pays, et on l'invoque pour avoir la pluie en été, bien nécessaire en ce climat sec."

L'Ecot c'est aujourd'hui le point de départ de randonnées vers les glaciers des Evettes, ou les Sources de l'Arc. Remontant les rochers polis par les anciens glaciers nous arrivons au terme de ce voyage en Maurienne, et nous pouvons contempler avec Jacques Pelletier, ces "Lieux détournés, hauteurs précipiteuses
Froid paysage et voies raboteuses
Là où, quand plus l'œil se trouve arrêté,
Plus a d'espace et plus de liberté."

Vers les sources de l'Arc

Vers les sources de l'Arc

LES TRAVAUX ET LES FETES

Costume traditionnel de Maurienne

Les alpages

Les alpages savoyards ne sont pas le don d'une nature prodigue, mais bien au contraire, le fruit d'un labeur sans relâche, produit par les hommes depuis des centaines d'années.

Déjà, les pasteurs de la protohistoire avaient commencé la conquête des pelouses alpines les plus accessibles, ainsi qu'en témoigne l'origine pré-celtique du mot "Alpe", qui demeure le même depuis l'époque précédant l'occupation romaine, et qui a finit par donner son nom à la chaîne de montagnes ainsi mise en valeur.

Dans leur état naturel, les alpages sont recouverts d'arbustes dévoreurs de terres, de ronces, de genièvre griffu ; pour tout dire, d'une végétation drue et vivace qui ne se laisse pas aisément déloger.
Au XIIème siècle, se conjuguent deux éléments prépondérants dans la conquête des hautes terres montagnardes ; l'extension des propriétés monastiques, et la forte poussée démographique qui s'étendra jusqu'au début des grandes épidémies de peste en 1350. Bientôt, les moines albergeront leurs terres aux communiers, moyennant une redevance minime, bien souvent payable en nature : moutons, fromages, journées de corvée proportionnées aux nombre de bêtes inalpées.

Trés vite constitués en communautés solidaires, les paysans de Maurienne se trouvèrent en position de force, devant les seigneurs féodaux qui ne purent revenir facilement sur les règles déjà établies.
Par contre, les textes stipulent avec énergie l'obligation d'entretenir les terres : essartages réguliers, nettoyages et réfection des abreuvoirs et des canaux d'irrigation. Obligation leur est faite aussi de défricher chaque année une nouvelle portion d'alpage afin d'en étendre régulièrement la superficie. Plus tard, ce sont les conseils communaux qui décident des dates de pâtures, et des fortes amendes imposées à ceux "qui gaspille le bien commun" et qui font "pâturer avant que l'alpéage soit ouvert."

Malgré la baisse de la population paysanne active, et la place prise par les installations touristiques, les alpages existent et vivent encore.

Jusqu'à trente ou quarante ans en arrière, les villages propriétaires de montagnes se tenaient strictement à leurs obligations. Les chemins d'accès aux pâturages sont soigneusement entretenus. Autour des chalets se trouve le bacha, l'abreuvoir taillé dans un tronc d'arbre, et le frédié, petite construction de pierre, bâtie le long du ruisseau, et qui garde au frais les laitages.

Deux principaux systèmes d'alpages fonctionnaient habituellement. L'alpage de petite montagne, comme dans la région de Bessans, où une partie de la famille se transporte au chalet d'été en compagnie du troupeau, laissant à la ferme les bras nécessaires à la fenaison des prés immédiats.
La vie de ces mois de gros travail était intense et fatiguante. Chaque fin de semaine, la famille restée au village, montait à l'alpage rejoindre les leurs.

"Ils montaient le samedi ou le dimanche avec les provisions et redescendaient avec le beurre et le fromage fabriqués dans la semaine. Je me levais à 4 heures chaque matin et je commençais à faire le beurre et le fromage avec le lait de la veille. Comme nous avions beaucoup de lait, le beurre devait se faire deux fois de suite avec une baratte que je tournais à la main. Je le mettais ensuite au frais dans le "frédié", qui est un petit bâtiment construit sur un ruisseau. On y mettait le lait aussi, c'était notre frigidaire. Ensuite venait la traite matinale qui durait 1 heure 30 environ. Vers 10 heures on envoyait les bêtes au pâturage, nous en avions au total une quinzaine, dont sept à huit en location. Les vaches allaient brouter toutes seules sur la rive gauche, je les mettais seulement dans la bonne direction, et les veaux broutaient l'herbe près des chalets. Tout le matin le travail ne manquait pas, car il y avait aussi à nourrir le cochon avec le petit-lait, faire le repas, la lessive parfois. On commençait aussi de sortir le fumier pour le pétrir à la main et l'on faisait de cette façon des

"bouses" avec lesquelles on se chauffait après les avoir mises à sécher sur un rocher : chaque chalet avait le sien. L'après-midi on continuait ; je faisais chauffer le petit-lait de fromage pour le donner aux vaches ; elles le savaient et revenaient ainsi plus facilement le soir toujours à la même heure. C'était la même chose pour le cochon qui savait reconnaître le chalet. La journée finissait avec la traite du soir, un autre repas à faire, les poules et les canards à nourrir."
(La Savoie traditionnelle Marie-Thérèse Hermann. Curandera).

La vie était dure, elle n'était pas sinistre comme en témoigne ce récit tiré de "Costumes et coutumes de Maurienne", par Daniel Déquier.
"Auparavant, les alpages étaient le lieu de fêtes inoubliables. Une grand'messe en plein air était célébrée devant l'une des quatre chapelles : Saint Pierre, Saint Jacques, Saint Barthélémy et Sainte Marguerite. Les fêtes alternaient une année sur deux afin de satisfaire au mieux les rencontres entre les différents montagnards. Très tôt le matin, le curé effectuait la longue montée à dos de mulet. Quant aux enfants, on n'avait nul besoin de les tirer de leur lit de paille, ils couraient joyeux autour du troupeau bien avant l'heure du rassemblement".
"Les gens du bas montaient souvent la veille, dormant dans le foin des granges. Les jeunes cherchaient à se faire inviter par les familles les plus proches du lieu de la fête ou alors ils venaient ce jour-là en portant leur casse-croûte. Rassemblés devant la chapelle pour la messe, hommes et femmes recueillis communiaient dans la même joie, seulement quelquefois distraits par un regard circulaire pour repérer les présents, par une réprimande au chien berger qui vient déranger. A la fin de l'office, chaque famille portait au curé un "carré" de beurre en signe de remerciement".
"A l'heure du repas, on improvisait une grande table dans le chalet ou dehors suivant le temps, et chacun se retrouvait devant un bol de caillé bien frais, avec juste ce qu'il faut de crème ; suivaient la polenta et la viande et pour couronner le tout, le gâteau de Savoie accompagné de crème au chocolat".
"La fin de la soirée appartenait aux jeunes gens qui se rassemblaient dans la prairie pour danser au son de l'indispensable accordéon".
"Quand arrivait la fin du mois de septembre, de tous les coins de la montagne, les troupeaux s'acheminaient vers Termignon. C'était tout d'abord le tintement de clochettes que le vent répercutait de vallon en vallon, un tintement qui s'enflait et se transformait en joyeux tintamarre lorsque les troupeaux prenaient possession des rues du village. Personne ne manquait la foire du 30 septembre ; Montagnards et acheteurs remplissaient les hôtels, les particuliers eux-mêmes logeaient comme ils pouvaient hommes et animaux. Toute la nuit qui précédait la foire, c'était un va-et-vient incessant, aux cris des bergers, aux jappements des chiens. Mais à l'aube, tout le bétail était bien rangé sur le pré de foire derrière l'église. Les forains dressaient alors leurs bancs le long de la rue principale pendant que les maquignons parlaient haut et fort. Les femmes en costumes déambulaient à la recherche de tissus, de souliers, de bijoux ou de casseroles".
"Jamais de mémoire de Termignonais, un père n'avait oublié d'acheter ce jour-là des bonbons pour ses enfants. C'est pourquoi, pour ceux qui l'ont connue, la grande foire a un goût de bonbons."

L'autre grand système d'alpage est celui de "la grande montagne" communautaire, où plusieurs centaine de vaches sont confiées à un seul exploitant qui loue le pâturage communal. Chaque propriétaire de bêtes donne une contribution en nature, beurre, tom-mes. Le surplus revient au locataire de l'alpage qui doit payer et entretenir les bergers. Ravitaillés une fois par semaine, ceux-ci logeaient dans un petit chalet de pierres sèches couvert de lauzes. Voici le récit de cette vie d'alpage racontée par un vieux berger :

"Vous voulez connaître la vie des bergers ? Beau temps, mauvais temps, il faut se lever à trois heures du matin et même avant pour traire. Après, quand on a fini, on va manger au chalet. Et de là ça dépend. Mais à

8 heures au plus tard on détache les vaches et chacun va à son travail. Chaque montagnard a sa tâche bien définie. Le principal c'est le fruitier. C'est lui le chef de famille. Il va s'aider comme tout le monde pour traire. Puis il fait le fromage le matin et le soir. Il va même se coucher très tard, parce qu'il faut retourner le fromage trois ou quatre fois pour qu'il s'essuie et perde tout le petit lait. Le séracier aide le fruitier et fait le sérac avec les résidus du lait une fois qu'on a tiré le fromage. Le sérac, c'est ce qui est tant recherché à présent, car on n'en fabrique presque plus. Le séracier s'occupe aussi des cochons qu'on engraisse avec le petit lait. Au chalet il y a aussi, si c'est une forte montagne, 130-140 vaches, celui qu'on appelle le renfort. Il lave les outils et deux fois par semaine il va aider le pachonnier à changer les piquets.

Le pachonnier, c'est celui qui plante les piquets pour attacher les vaches. Il étale le fumier. En principe, il change la place des piquets tous les deux ou trois jours. S'il fait mauvais temps, il faut le faire tous les jours, car les bêtes seraient trop sales et prendraient mal à la tétine. Il y a aussi le gouverneur qui emmène les fromages à la cave. Il commence à les passer à la saumure pendant 24 heures. Ensuite tous les deux jours, il retourne les fromages, les frotte, les essuie, puis remet du sel, un jour oui, un jour non, car le fromage doit être bien égoutté avant de ressaler.

En principe, il y a deux bergers. Le premier berger, il faut qu'il règle les repas des bêtes. Et puis tout : il doit connaître les maladies des vaches, savoir saigner, faire une piqûre. Il faut qu'il ait un peu des notions de vétérinaire. Le deuxième berger, lui, il se garde d'un côté, là où le premier berger l'envoie. S'ils ont beau temps, ils se mettent ensemble, ils discutent. En montagne, la vie est belle s'il y a une bonne équipe, si tout le monde est courageux. On se donne la main.

A présent, on a beaucoup de visites, avec les routes et les voitures. Avant on ne voyait personne, sauf les mandataires et les procureurs du village. Ou alors quand on changeait de chalet : il y avait une corvée, des corvataires qui montaient avec les mulets. Les propriétaires venaient voir leurs bêtes plus que maintenant. Ils s'intéressaient mieux à leurs vaches. Sans vouloir mélanger les bêtes avec les gens, c'est comme quand on met un gosse en pension à l'école, il faut aller le voir et discuter avec les maîtres."

Un grand jour sur l'alpage, c'est le jour de la pesée. Ce jour-là il y a foule autour des chalets.
"La pesée ? Le grand principe, c'est le dimanche le plus près du 24 juillet. On commence à régler les vaches la veille, pour qu'elle soit rangées au piquet par propriétaire. De là on pèse le lait de chaque propriétaire. Les gens se déplacent beaucoup pour aller voir le poids que donne leurs bêtes et regarder si elles sont en état. On se base sur le poids du lait donné ce jour pour payer les propriétaires à l'automne, selon le prix qu'on tire de la vente des fromages. Ce jour-là, on fait un bon repas : de la viande, des bugnes, et puis il y a du vin. Ce sont les femmes des procureurs qui montent faire le repas et on mange tous dehors au soleil quand il ne pleut pas ! Toute la journée le garde-champêtre surveille le chaudron de lait pour que les gens ne s'approchent pas trop. Une miette de pain et c'est 30 ou 40 kg de Beaufort perdus ! Et souvent il y a la messe en plein air. C'est une journée où les gens se rencontrent. Même le maire et une bonne partie des conseillers municipaux montent à l'alpage et parlent des travaux à faire pour l'année d'après."

La reine de l'alpage, c'est la tarine ; cette belle vache en velours brun-rouge, aux cornes en lyre. Déjà dans ces écrits, Pline l'Ancien parle de cette brune des Alpes. Cette petite bête est d'une solidité à toute épreuve. La vie alpestre demande de l'endurance et de la résistance et la sélection est sans pitié. La vente du Beaufort est un des principaux revenus des agriculteurs, aussi ont-ils soigné particulièrement la production laitière de la race. Une production annuelle oscille autour de 3 000 litres de lait à 3 % de matière grasse. Durant les mois d' été le troupeau tarin vit sur les alpages entre 1 500 et 2 000 mètres, livré à toutes les intempéries, et aux chaleurs. Cette possibilité

Transhumance en Vanoise et retour de Transhumance

d'adaptation a fait de la race tarine, la première race française à l'exportation, notamment vers l'Algérie, le Maroc, le Canada et l'Afrique, pays de températures excessives dans les deux sens.

Voici la fabrication traditionnelle du Beaufort :
"La présure à la macération de caillette (estomac de veau) peu acide, conditionne la réussite du fromage. Ajoutée au lait cru, elle le fait coaguler au bout d'une demi-heure environ, donnant ainsi le caillé. A l'aide du tranche-caillé le fruitier découpe alors le caillé de façon à le réduire en particules d'un grain de blé. Le découpage terminé, le fruitier met en chauffe, tout en procédant à un brassage de plus en plus énergique, jusqu'à une température de 35°. Il intensifie alors la chauffe jusqu'à plus de 50°. La pâte est alors "cuite". Le fruitier juge du moment opportun pour arrêter la chauffe car s'il n'attend pas assez, le grain n'aura pas perdu tout son sérum ; il ne sera pas assez "ressuyé" ; trop tard, les grains ne se souderaient plus entre eux pour former la pâte du fromage. A l'aide d'une baguette de bois, il passe alors au fond de la cuve une toile dans laquelle il récupère l'ensemble des grains. Le tout est mis dans la forme en bois de hêtre à dos rond caractéristique et sous presse de façon à perdre son sérum. Le fromage passe ensuite en saumure pour que se sale la pâte et durcisse la surface, alors s'amorce la formation de la croûte. Séché le lendemain, il est mis en cave pour un affinage très lent, qui contrairement à tous les autres gruyères, se pratique exclusivement au froid, assurant à la chair une massivité qui est un de ses caractères distinctifs".

Dans les petites montagnes, la tomme se fabrique sur le même principe que le Beaufort. Le chaudron, plus petit que celui qui sert à la fabrication du Beaufort, qui peut aller jusqu'à 450 litres, est suspendu à une crédence, au milieu de la salle. Le lait, plus ou moins écrémé, est chauffé "au nez" de la maîtresse de maison, qui se fie plus à son expérience qu'à un thermomètre. Elle décide aussi du bon moment où introduire la présure, et elle brasse le mélange à l'aide d'une louche percée, ou d'une branche de mélèze. Le caillé formé, on laisse reposer, avant de mettre le mélange dans les faisselles. La tomme blanche peut se manger fraîche, ou salée et retournée, elle devient une tomme maigre ou grasse.

L'essor industriel

C'est au fil de ses routes, des chemins de fer, et de ses grands axes de pénétration que la Maurienne connut l'avancée du progrès industriel qui devait profondément bouleverser les modes de vies et de pensées.
Napoléon, stratège et politique avisé avait doté la Maurienne de voies de communications importantes. Après la restauration du royaume Sarde, le travail d'amélioration des communications avait été continué et poursuivi avec méthode. Il s'agissait à la fois de tracer de nouvelles routes et de protéger les anciens et nouveaux axes routiers des débordements des eaux trop souvent tumultueuses. Si l'accès et la traversée du Mont-Cenis représentait le but principal des efforts du Premier Empire et du Royaume Sarde, il fallut vite se rendre compte que l'étroitesse des chemins entre Lanslebourg et Novalaise, freinait considérablement l'avancée des hommes et des marchandises.
Ses voies d'accès et ses alentours aménagés, le Mont-Cenis connut son apogée jusqu'au percement du tunnel du Fréjus. En 1860, 40 000 voyageurs et 22 000 tonnes de marchandises empruntent cette route. Autour de l'artère principale, existe un réseau de chemins secondaires, bien tracés et entretenus. Des cols importants sont ouverts à la circulation automobile. Le Galibier en 1891, le Glandon en 1904, la Croix de Fer en 1912. Les petits villages désenclavés peuvent ainsi être rejoints et desservis. Dans le même élan, et dès 1850, se crée la première ligne télégraphique à signaux, Paris-Milan, à travers les Alpes.

L'arrivée du chemin de fer

La construction de la ligne de Maurienne fut exemplaire ; Par sa précocité, puisqu'elle devance les constructions ferroviaires de Grenoble, Montmélian, Albertville, Bourg-Saint-Maurice, de plusieurs années ; par la rapidité

de sa réalisation et la qualité de ses services.
Le chemin de fer "Victor-Emmanuel" atteint Saint-Jean en 1856 ; le tronçon Saint-Jean - Saint-Michel, en 1862, après l'annexion. Neuf années seront nécessaires pour atteindre Modane en raison des difficultés du terrain.
La voie ferrée ne pouvait s'arrêter à Modane, sans franchir la dernière barrière qui séparait les deux états voisins. En 1857 la loi piémontaise autorisait le premier percement des Alpes. Treize ans après un tunnel de 13,5 kilomètres était percé entre Modane et Bardonnèche, sous les pointes d'Arrondaz et du Fréjus.
La société anglaise Fell, avait ouvert en 1868, une ligne de chemin de fer, exclusivement réservée aux voyageurs, qui se proposait de relier provisoirement la Maurienne au Piémont, à travers le Mont-Cenis, en attendant le percement du tunnel. Malheureusement pour cette société, la rapidité avec laquelle furent effectués les travaux ruina leur entreprise qui cessa son activité au bout de trois ans.

Le règne de la Houille Blanche

Dans le dernier tiers du XIXème siècle, Aristide Bergès, avait doté les environs de Grenoble d'installations industrielles, animées par la force motrice de l'eau. La configuration de la vallée de l'Arc, se prêtait particulièrement bien à l'utilisation de cette nouvelle source d'énergie. De la fin du siècle à la seconde guerre mondiale, l'aménagement hydroélectrique de la vallée se poursuit sans interruption. Dans une première tranche qui va de 1890 à 1914, puis de 1920 à 1945. Tous les torrents de montagne, même ceux qui présentaient un débit de peu d'importance, sont captés dans de petites conduites forcées qui arrivent directement dans les usines situées au creux de la vallée.
La domestication de l'Arc est le deuxième pas vers la modernisation de cette technique. Les besoins industriels se faisant plus exigeants, il fallait trouver une source d'énergie hydraulique, plus puissante et plus régulière. De la Praz à Pontamafrey, sept installations se greffent sur le cours de la rivière. D'abord installés en moyenne vallée, ces équipements sont également disposés en Haute-Maurienne. Mais il faudra attendre la construction du barrage de Bissorte en 1935, pour voir les usines de Maurienne accéder à une puissance et à une efficacité sans mesure avec les premières installations précédentes. Des industries traditionnelles vont connaître un essor particulier : papeteries, fabri-ques de pâtes, filatures et tréfileries.

La conjonction de la mise au point des procédés de Paul Héroult et Ch. Hall et du lien étroit entre la fabrication électrolytique de l'aluminium et ses possibilités de puissance électrique, donnent à la Maurienne la quasi exclusivité de la fabrication de l'aluminium. C'est à la Praz, que Paul Héroult construisit une usine qui devint le berceau de l'aluminium, puisque c'est là que fut véritablement mis au point le procédé de fabrication de l'aluminium par électrolyse à partir de 1889.
A partir de la guerre de 14, les établissements spécialisés en ferro-alliages et aciers spéciaux, viennent chercher en Maurienne la grande quantité d'énergie qui leur est nécessaire.
En 1907 Péchiney s'installe à Saint-Jean-de-Maurienne. Son usine est aujourd'hui l'usine d'électrolyse de l'aluminium la plus moderne du monde. En 1979 ont été mises en service 60 cuves de 175.000 ampères, qui fournissent une production totale de 80 tonnes d'aluminium par jour.
En 1986 ce sont 120 cuves de 280.000 ampères qui produisent journellement 250 tonnes d'aluminium.
La grande industrie chimique trouve vite son compte dans les possibilités de cette vallée et essaime ses usines dans ce long couloir.

Aujourd'hui les principales productions chimiques de la Maurienne sont les productions de phosphore à Epierre, de phytosanitaire, vernis, solvants à la Chambre, d'abrasifs à la Pouille, de chlorure de sodium à Prémont.
En 1917, Saint-Gobain s'installe à Villarodin-Bourget à plus de 1 100 mètres d'altitude.

En un demi siècle, une civilisation millénaire voit disparaître ses bases et ses structures, sous la poussée d'un modernisme souvent sans nuances.

Si la basse-vallée, profite au maximum des nouvelles conditions économiques, les hautes-vallées conserveront leurs traditions de vie jusqu'à la deuxième guerre mondiale ; la moyenne-vallée par contre sera plus rapidement atteinte et déstabilisée.

L'élevage résistera mieux que l'agriculture redoutablement concurrencée par l'arrivée des grains et produits de la plaine ; le désenclavement n'a pas que des avantages. Restent toujours exploités, la viande et les produits laitiers. Si une organisation plus rationnelle se met en place, création de fruitières, circuits de ramassage du lait, l'exploitation traditionnelle des alpages a tendance à baisser. L'inalpage se pratique moins systématiquement, et les moutons transhumants vont bientôt remplacer les bovins.

Les petites industries artisanales ont très mal résisté au choc industriel qu'elles ont pris de plein fouet. Heureusement, la tendance actuelle favoriserait plutôt le beau travail spécialisé et l'on assiste à des renaissances de traditions tout à fait intéressantes.

Le tourisme blanc, le tourisme vert

De nombreuses foules d'amateurs de glisse ont suivi les traces des premiers clients des "marrons" de Lanslebourg. La Maurienne du tourisme blanc, c'est 22 stations-villages, qui proposent un équipement de choix, dans un cadre familial ; 700 kilomètres de pistes de ski alpin, 350 kilomètres de pistes de ski de fond. Le tourisme vert, ce sont les innombrables sentiers de randonnées qui emmènent le promeneur à la découvert du pays profond, de sa flore, de sa faune. Chemins de découverte botanique au départ des villages comme Bramans ou Termignon ; jardin botanique du Mont-Cenis au Plan des Fontanettes. Véritable conservatoire qui permet au voyageur pressé de découvrir un ensemble de 54 espèces florales typiques du Mont-Cenis. On trouve, sur le site même du col, plusieurs espèces de fleurs extrêmement rares : la pensée du Mont-Cenis, l'ononis du Mont-Cenis ou la campanule bleue à cinq branches. Dès le XVIIème siècle, les bergers du Mont-cenis recherchaient "l'erbia d'la rotta" et le "ginipy" pour se faire des tisanes souveraines contre les refroidissements. Les genepis entrent dans la composition de plusieurs elixirs et liqueurs qu'ils parfument délicieusement.

Le chemin du Petit Bonheur (GR5 E) relie tous les villages de Haute-Maurienne, de Bramans à Bessans, en randonnées pédestres, équestres, ou en vélo de montagne. Les amoureux de la grimpe pourront suivre les traces des grands alpinistes anglais, Matthews, Whymper, Coolidge. Mais les tous premiers alpinistes mauriennois ne sont-ils pas les chasseurs de chamois et les officiers du cadastre Sarde, qui parcouraient sans relâche ces paysages de rêve. Bonneval-sur-Arc avait la particularité de fournir aux riches amateurs de chasse, des guides particulièrement efficaces et endurants. Ces hommes pratiquaient déjà pour eux-même cette traque excitante, autant pour la nourriture que pour le plaisir de la course en montagne. Ils semblaient donc tout désignés pour conduire les premiers touristes-chasseurs sur des pentes et des sommets qu'ils connaissaient parfaitement. Cette activité lucrative n'était pas de trop dans ce pays de bout du monde où l'hiver pouvait durer sept mois, plongeant le village dans un isolement total. Les revenus étaient bien maigres. Le seigle semé en été, se récoltait en septembre de l'année suivante. Afin de réchauffer leur terre plus rapidement, les Bonnevalains répandaient du fumier dans les champs. Un personnage haut en couleur, Jean-Joseph Blanc (1841-1914), va devenir le guide le plus célèbre de la région. Surnommé le Greffier, en raison de son instruction qui lui permettra d'etre élu le maire de son village, sa réputation s'étendra à toute la Haute-Maurienne et fera de lui un guide réputé. Trente cinq années durant, il emmène ses riches clients jusqu' aux cimes du Parc du Grand-Paradis, tout proche.

LES COSTUMES

Les costumes de Maurienne et de Haute-Maurienne, sont certainement parmi les plus beaux de France. Contrairement à d'autres provinces où les vêtements traditionnels étaient tombés en désuétude, ils n'ont jamais complètement cessé d'être portés. Ils n'étaient pas si rare, voici quelques années en arrière de rencontrer au détour de la ruelle d'un village, une femme âgée, portant son costume de tous les jours, semblable à celui de ses ancêtres.

Différent dans chaque village, par l'agencement des formes et des couleurs, le costume traditionnel présente toujours de grandes constantes. Il se compose d'une coiffe qui enfermait les cheveux . Cette coiffe se garnissait de bavolets, de rubans, de dentelles plissées. Le châle, qui se nomme aussi, mouchoir ou fichu est une pièce essentielle du costume. Autour de lui s'harmonisait les couleurs des rubans , des tabliers, et quelquefois de la coiffe. Ils peuvent être pour les grandes fêtes, en soie, brodée ou brochée : en taffetas, en satin, damassé, ou cachemire. Leurs coloris varient suivant les fêtes liturgiques et suivent les couleurs des ornements sacerdautaux. Ils sont blancs pour les jeunes filles en Haute-Maurienne, ou noirs pour les deuils. En semaine, les femmes portent des châles de cotonnade ou de laine brodée : à carreaux, anciennement tissés dans le pays. D'autres peuvent être en velours noir ornés de perles et de galons. Les châles de fête, sont signes de richesses, par la longueur de leurs franges, et la complexité de leur travail. La façon de le porter est tout aussi codifiée et change suivant les villages. C'est avant tout une parure qui drape les épaules, entourant avec élégance l'encolure du corselet qu'il ne doit pas dépasser. Ses plis sont fixés à l'aide d'épingles et les pointes ramenées à l'avant se cachent sous la ganse du tablier, dans les crochets du justaucorps. Si la robe de semaine était taillée dans du gros drap ou du lainage grossier, celle des grands jours, représentait six mois de travail pour une couturière. Formée d'un corselet ajusté sans manche, fermé par des brides croisées, et d'une jupe plissée, elle ne pesait pas moins de sept kilos, et pouvait faire jusqu'à 11 mètres de circonférence.

Dans la vallée de l'Arvan et des Villards, les femmes portaient des ceintures extrêmement larges. Montée sur une toile raide, elle est faite de drap fin recouvert de rubans brodés multicolores et fermée par une série de chaînettes en cuivre, laiton ou fer blanc, faites à la main à l'aide d'une pince spéciale. Pour les fêtes, les ceintures sont recouvertes de soies brochées et deviennent de véritables œuvres d'art.

Le tablier se porte largement étalé sur la robe, qu'il recouvre d'une hanche à l'autre. Les jours de fête, la taille est ceinturée d'un large ruban moiré de couleur vive, noué sur le devant et dont les flots de couleur retombent jusqu'au bas du tablier. Pour les jours de semaines, les tabliers sont en cotonnade, en laine, en chanvre, de couleur sombre, bleue ou grise.

Le costume marque tous les actes importants de la vie, et particulièrement le grand moment des épousailles. C'est à l'occasion de ce rite de passage essentiel que se déroulait les achats de vêtements et de bijoux les plus conséquents. La famille de la future épouse devait faire face à une dépense importante, car pour tenir son rang dans la société villageoise, il fallait que les parures des noces soient sans reproche. Au futur marié, par contre revenait la lourde charge de "Ferrer l'épouse". Il s'en allait à la ville la plus proche en compagnie de sa promise et de la famille de ses parents, acheter, les anneaux de mariage, une bague, une chaîne où s'accroche le cœur et la croix, en or ou en argent, suivant la fortune de la famille du prétendant. Autrefois "Ferrer l'épouse" consistait seulement à lui faire percer les oreilles pour y fixer les boucles ; par la suite l'expression s'est étendue à l'achat de toute la parure. Les différents éléments du costume féminin faisaient aussi partie des cadeaux offerts à l'occasion des noces, entre les familles des mariées, aux assistants, au maire et au curé, qui recevaient des "mouchoirs", c'est-à-dire des châles.

Fête de la Procession du 15 Août à Bessans

Photo ci-dessus et pages suivantes :
Fête du costume à Saint Colomban les Villards et Bramans

Dans son livre "Vêtements et costumes dans la Savoie traditionnelle" (l'Histoire en Savoie 1991), Gérard Collomb cite le témoignage très précis que donne Albert Milliex, des différentes étapes de la préparation vestimentaire du mariage. "Généralement dans la semaine qui précède la première publication, les futurs époux accompagnés de leurs mères ou de leurs sœurs et quelques fois des unes et des autres, descendent à Saint-Jean-de-Maurienne et achètent le bel (ce mot désigne tout ce qui s'achète de neuf à l'occasion de la noce). Le bel, acheté tout entier au frais de l'époux, si l'épouse n'a plus son père, (si elle l'a encore, c'est le père de la fille qui fournit la robe de noce évaluée de 35 à 50 francs), consiste en habits neufs, plus ou moins riches et beaux selon la richesse et le bon goût des choisisseurs, mais toujours sur le costume du pays. Il est d'usage d'acheter en outre de l'habillement complet de l'épouse, dont le tablier, la ceinture et le fichu sont aujourd'hui de soie et choisis avec un goût qui s'épure cependant, des fichus de laine, généralement de couleur rouge, pour toutes les sœurs et futures belles-sœurs, quelquefois même pour les nièces suivant les circonstances de bonne volonté du futur (car on ne manque pas de l'en solliciter), d'intimité des familles ou de gêne du mariant.

Les hommes se contentent de moins : l'époux s'achète un chapeau, un pantalon, un gilet et une cravate. Le gilet et la cravate sont les principales pièces d'examen pour la gent féminine le jour de la noce. Il achète un chapeau à son père et une cravate aux frères, beaux-frères et neveux. Il est probable que s'il y avait entre ses parents quelques vieillards dont il convoitât l'héritage, l'époux futur n'hésiterait pas à lui acheter aussi un chapeau à larges bords, lequel contre son modeste coût de 2 francs au plus, donnerait à l'acheteur beaucoup de chance (...).

C'est la béguine (coiffure de l'épouse) qui demande le plus de soins et qui mérite aussi le plus d'éloges ; aussi arrive-t-il souvent que des visiteuses font défaire tout le travail par un simple avis émis contre les dimensions, les plis, la pente, etc... des pointes (dentelles). L'étoffe du bel, et surtout sa ceinture sont des choses tellement publiques que toutes les femmes s'en occupent, et que même après plusieurs années il y en a qui sauront encore combien la coiffe de telle épouse avait de plis, combien sa ceinture avait de chaînes et même de combien de boucles chaque chaîne était formée ; il est vrai que le ménage de ces femmes se ressent de la préoccupation de leur esprit.

Pendant les quinze jours de publication, l'époux futur s'occupe des préparatifs de la noce et en fait les provisions ; il ne se présente que très rarement chez sa fiancée, car la critique commenterait aussitôt de trop fréquentes visites à celle qu'il ne devra bientôt plus quitter.

Dans la dernière semaine surtout, l'épouse peut à peine suffire à exhiber ses habits de noces aux commères qui n'auront pas le temps de la voir passer ce jour béni ou qui désirent examiner, toucher, questionner à leur aise. Mais que la future épouse se garde bien de paraître importunée par ces visites, car les méchantes langues l'en feraient bientôt repentir ; aussi est-elle avenante et gracieuse au suprême degré, autant du moins que le permet sa constitution physique".

Les jeunes Mauriennais sont fiers de leur histoire, de leurs traditions et de leurs costumes. Il ne s'agit pas pour eux de faire revivre artificiellement les choses du passé, mais de continuer la longue chaîne qui les relie à leurs racines.
Il suffit de participer à une fête du 15 Août à Bessans, pour ressentir à quel point les cœurs de tous, battent d'un même élan.
Les jeunes filles de 20 ans qui auront l'honneur de porter la statue de la vierge à travers le village, sont habillées par les mères et les grand-mères.
Certains costumes sont des héritages lointains qu'on entretient précieusement.

En les revêtant, la jeune fille moderne, en jean et basket, redevient ce qu'elle est profondément ; la Mauriennaise digne et fière qui traversera son village, comme toutes les femmes de sa famille l'ont fait avant elle, pour promener sous le regard des montagnes, le symbole d'une permanence, ou d'une éternité.

INRI

BIBLIOGRAPHIE

Chanoine A. GROS - *Histoire de Maurienne* - Chambéry 1946

CABAUD (Charles) - *Aussois* - Curandera 1989

CANZIANI (Estella) - *Costumes, mœurs et légendes de Savoie* - Chambéry 1920, réed. Ed. Curandera1989

CHATOUVIER (Lucien) - *L'art baroque en Savoie* - Revue L'Histoire en Savoie - N° 36, déc. 1974

Collectif - *Savoie* - Christine Bonneton 1982

COLLOMB (Gérard) - *Vêtements et costumes dans la Savoie traditionnelle* - L'Hist. en Savoie - Nlle. éd., 1991

DEQUIER (Daniel) - *De bouche à oreille* - Ed. Curandera, 1988

DEQUIER (Daniel) - *Maurienne d'hier et d'aujourd'hui* - Costumes et coutumes Imp. Goudier - déc. 1980

DOMPNIER (Marthe et Pierre) - *Le Guide de la Maurienne* - La Manufacture 1991

DOMPNIER (Pierre) - *La Haute-Maurienne* - L'Hist. en Savoie - 2° éd. 1990

EDIGHOFFER (Reine) - *Histoires de Savoie* - Curandera, 1991

FRISON-ROCHE (Roger) et TAIRRAZ (Pierre) - *La Vanoise* - Arthaud 1972

GOLDSTERN (Eugénie) - *Bessans* - Curandera 1987

GUMUCHIAN (O.) - *Massif et Parc de la Vanoise* - Randonnées pédestres et à ski, Didier-Richard 1985

MARTIN (L.) - Richard 1985

HERMANN (Marie-Thérèse) - *La Savoie traditionnelle* - Curandera 1990

JEUDY (Jean-Marie) - *La Savoie Vagabonde* - Glénat 1990

KARSENTY (Irène) - *La cuisine de Savoie* - Dauphiné, Denoël 1981

LAURENT (Anne-Marie) - *Guide de la nature protégée en Rhône-Alpes* - (N° 4, Dauphiné et Vanoise), Glénat 1989

MARNEZY (Alain) - *Maurienne, terre humaine* - L'Hist. en Savoie, N° 74, juin 1991

MILLERET (René) - *Termignon* - Curandera 1987

NELH (Georges) - *Pierres à cupules et roches gravées en Savoie* - Revue L'Hist. en Savoie, N° 71, réed. 1989

PARC NATIONAL DE LA VANOISE - *Combat pour un sanctuaire* - Revue l'Histoire en Savoie, N° 58, Juin 1880

SAMIVEL (S.) et NORANDE - *Les grands passages des Alpes* - Glénat 1983

SENTIS (Gabrielle) - *Légende dorée de la Savoie* - éd. Didier Richard, Grenoble 1986

TOURT (Abbé Alexandre) *Haute Maurienne, secteur de la Norma* - Curiosités artistiques et historiques. St. Jean-de-Maurienne 1989

TRACQ, ed. (Francis) - *Journal d'un paysan de Maurienne* - Curandera 1989

Nous remercions vivement les personnes suivantes qui nous ont aidées dans la réalisation de ce livre : M. et Mme Extrant, Jean-Louis et Marie-Thérèse Morel, M. Valentin Vincendet directeur de l'office de tourisme de Bessans, les habitants de Bessans et tous les participants aux rencontres en costumes de Saint Colomban-des-Villards et de Bramans.

SOMMAIRE

MAJESTUEUSE MAURIENNE — Page 7

Petit aperçu de la grande histoire de la Maurienne
Une terre de passage
La porte millénaire des Alpes
Les hommes sur leur terre
Le travail des hommes
Maurienne, une terre chrétienne

SAINT JEAN ET LA MAURIENNE — Page 23

La Cathédrale

HAUTES VALLEES DE LA BASSE-MAURIENNE — Page 31

La Vallée des Villards
La révolte des Arves
Vers les cols de la Madeleine et du Galibier

LA HAUTE-MAURIENNE — Page 45

Modane
Porte de la Vanoise
Lointaine Maurienne
Pierres à cupules et à pieds
Art religieux
Saint Pierre d'Extravache
Avrieux
Aussois
Vers Sardières et Termignon
Le Parc de la Vanoise
Vanoise, Haute-Maurienne
Les Marrons de Lanslebourg
Le Lac du Mont-Cenis
Lanslevillard et Bessans
Vers les sources de l'Arc

LES TRAVAUX ET LES FETES — Page 99

Les alpages
L'essor industriel
L'arrivée du chemin de fer
Le règne de la houille blanche
Le tourisme blanc, le tourisme vert
Les costumes

BIBLIOGRAPHIE ET REMERCIEMENTS — Page 118

(Carte de la page 2 : Jean-Paul JUEN)

Photogravé par Intégral Graphic à Grenoble
et achevé d'imprimer par Alp'Impression
à Saint Martin de Bellevue en Haute Savoie en Octobre 1994
pour le compte des Editions Curandera
à Entremont-le-Vieux en Savoie